本书系教育部项目（批准号18YJC710008）的最终成果

| 国 | 研 | 文 | 库 |

信息伦理与中国化
马克思主义伦理思想新拓展

窦畅宇 —— 著

光明日报出版社

图书在版编目（CIP）数据

信息伦理与中国化马克思主义伦理思想新拓展 / 窦
畅宇著 . -- 北京：光明日报出版社，2021.6

ISBN 978 - 7 - 5194 - 6062 - 4

Ⅰ . ①信… Ⅱ . ①窦… Ⅲ . ①马克思主义—伦理思想
—研究—中国 Ⅳ . ①B82

中国版本图书馆 CIP 数据核字（2021）第 083257 号

信息伦理与中国化马克思主义伦理思想新拓展
XINXI LUNLI YU ZHONGGUOHUA MAKESI ZHUYI LUNLI SIXIANG XIN TUOZHAN

著　者：窦畅宇

责任编辑：史　宁　　　　　　　责任校对：李小蒙
封面设计：中联华文　　　　　　责任印制：曹　净

出版发行：光明日报出版社

地　　址：北京市西城区永安路 106 号，100050

电　　话：010 - 63169890（咨询），010 - 63131930（邮购）

传　　真：010 - 63131930

网　　址：http：//book. gmw. cn

E - mail：shining@ gmw. cn

法律顾问：北京德恒律师事务所龚柳方律师

印　　刷：三河市华东印刷有限公司

装　　订：三河市华东印刷有限公司

本书如有破损、缺页、装订错误，请与本社联系调换，电话：010 - 63131930

开　　本：170mm×240mm

字　　数：175 千字　　　　　　印　　张：14.5

版　　次：2021 年 6 月第 1 版　　印　　次：2021 年 6 月第 1 次印刷

书　　号：ISBN 978 - 7 - 5194 - 6062 - 4

定　　价：95.00 元

内容提要

互联网和计算机、智能手机等当代信息技术的诞生标志着信息时代的到来，个体生活方式与整个社会都因此发生了剧烈而深刻的改变。"信息"改变了历史，重塑了社会，引导着文明形态的更新，信息时代人类的行为方式和伦理价值观也必然发生变化，因此从伦理学的视角关注信息社会的新特征是一种时代的必然。

"信息伦理"是伦理学中新的研究方向。信息伦理界定信息活动或行为中的善恶、正义等元伦理问题并为其提供辩护，调整信息时代人与人的信息关系，是以虚拟人际关系为中心的信息社会伦理秩序与道德规范的总和，也是适应技术发展的信息道德意识。借助于信息伦理的内容与方法，并立足于当下中国社会信息化进程的实践，本书关注中国化马克思主义伦理思想在信息时代的新拓展，并从相互关联的两个维度加以详细展开，即良序社会建设的应有伦理原则与优良个人品德建设的应有伦理原则。这对于从理论上拓展中国化马克思主义伦理思想，在实践中引导人的日常道德生活，实现中国化马克思主义的道德理想都有重要的意义。

信息伦理的兴起基于伦理活动的场域从工业文明到信息文明的转换、伦理主体存在状态从线下世界到赛博空间的转换，以及人与社会关系从现实关联到网络互联的转换三种变化，而随着理论的发展，信息伦理的研究由技术伦理形态扩展为社会伦理形态，其研究内容可以归纳为相互区别且紧密关联的二重结构：以信息交往关系为中心的社会伦理秩序，与适应信息技术发展的个人品德。而中国化马克思主义伦理思想是在马克思、恩格斯、列宁等马克思主义者伦理思想的基础上，结合我国社会历史现实而形成的理论体系。从中国化马克思主义伦理思想的两个维度：良序社会建设与个人品德建设入手，本书对其包含的最重要伦理原则一一加以考察，从社会伦理秩序角度包括集体主义伦理原则、公正伦理原则和人道主义伦理原则。从个人品德角度包括：诚信伦理原则、尊重伦理原则和责任伦理原则。中国化马克思主义伦理思想是现实世界的道德准则，它与信息伦理在研究内容上具有一致性，在思维方法上存在一致性，并能够互相印证其价值与科学性，因此可以说二者具有关联性，而中国化马克思主义伦理思想也存在信息时代发展的必要性与可能性。

拓展和丰富后的中国化马克思主义伦理思想是一种囊括更多内容的系统学说。从作为社会秩序的伦理原则层面：第一，信息共存的原则维系信息共同体的稳定，是信息时代的新集体主义。第二，信息公正原则提出了信息时代的公平正义新要求。第三，信息自由是信息时代马克思主义伦理思想最高伦理目标，是实现人的自我意志，实现真正自由解放的条件。此外，本书关注信息时代的个人品德建设：第一，信息诚信的提出充实了新的交往原则，也是对信息时代个体德性的首要要求。第二，为解决信息时代对知识产权的无视、对信息隐私权的轻视以及对

"异己"状态的抵触问题，信息尊重原则提供了道德标准。第三，信息时代"信息人"的使命是基于社会角色履行信息伦理责任。

本书综合运用社会科学研究方法，纵向研究中国化马克思主义伦理思想的历史、现在与信息时代的发展，横向分析我国信息化进程中的现实伦理问题，以求在信息时代对马克思主义中国化理论前沿问题研究进一步深化，并获得矫治社会信息问题的对策与方法，实现中国化马克思主义伦理思想的发展和当代人信息实践的统一。

目　录
CONTENTS

第一章

导　论

一、作为伦理学研究对象的马克思主义

从以往的理论探讨来看，理论界主要是从政治哲学视角研究马克思主义中国化的历史进程和理论构建逻辑，这是对马克思主义"意识形态"功能的积极发挥。因为马克思主义传入中国时直接面临的最迫切问题是中华民族的独立与解放，马克思主义理论的科学性和革命性对于问题的解决有极大的帮助。当民族独立和解放的任务完成，且物质文明建设已经取得巨大成就后，我们更应关注社会精神文明的建设，将视野放到时代化、全球化的维度，在新形势下全面建设小康社会。在精神文明建设中，尤其应关注伦理道德建设，因为伦理要求不仅是人之为人的本质需要，也是社会安定有序的必然前提。中国特色社会主义核心价值观的确立，特别是时代的主题发生改变后，人应如何道德地生活（面对自身）、道德地交往（面对他人）？更进一步追问：我个人做得好，社会整体就会好吗（面对社会）？集体主义与公平正义是否应该有新的内涵？又如，每个道德的个体如何推进"所有人在一起即社会也是好

的"这种理想社会？针对这些问题，一是需要与新时代的社会环境相适应的伦理思想，二是需要用合宜的道德规范引导社会成员的道德实践。这方面又首先有赖于超越传统人文环境限制的、适宜现代社会的思维框架。

我国马克思主义伦理思想的研究从 20 世纪下半叶开始，是马克思主义伦理思想的基本原理与中国革命、建设与改革的具体道德生活实践相结合的产物①。"代表了以马克思主义为指导思想的中国共产党人对中国革命、建设与改革各个历史时期所需要的道德文明的深刻思索与不懈创造。"② 在当代，由于信息技术的发展进化和以信息技术为基础的人类社会运行方式的改变在某种程度上已经引起人类社会现实与道德实践方式发生改变，因此马克思主义理论的物质基础与应用范围都已然不同于之前。当我们将"如何道德地生活"这个问题与信息时代结合起来并要求更清晰地回答之后，中国化马克思主义理论也应当给予回应，为我们分析、解决由信息技术的发展引发的伦理难题和社会道德失范提供判断的理性基础，从而为降低风险、解决问题提供价值标准。当然，从实然层面看来这种回应也是可能的。因为并不存在某种先验于人类生活并"为人类生活立法"的伦理思想，我们都生活于现实之中。正如凯·尼尔森（Kai Nielsen）所言："并不是人们的态度，不是他们作为某个特定文化或者阶级的成员资格，更不是他们具备某种特定的概念框架等，决定并且在事实上证明了他们所给出的特定评价或者他们所持有

---

① 王泽应 . 20 世纪中国马克思主义伦理思想发展研究 [J]. 毛泽东邓小平理论研究，2005（7）：23.

② 王泽应 . 20 世纪中国马克思主义伦理思想发展研究 [J]. 毛泽东邓小平理论研究，2005（7）：23.

的特定道德信念。"① 马克思主义伦理学的理论范式是发展的、开放的，同样，其中国化的伦理思想也是历史性的，将马克思主义中国化的过程代入伦理学领域进行时代的新拓展，也应当是可行的，只要这种建构深植于我国的历史和文化传统之中，并以我国社会发展现实为基础。

那么，中国化马克思主义伦理思想面临何种实践环境的变化呢？这就是当下社会和人的生存方式变化，即从"前信息时代"（泛指信息技术出现之前的所有时代）到"信息时代"的转变。历史发展的同时技术也在进步，在信息技术水平突飞猛进并充分参与人的日常生活的今天，人的思维能力与认识能力也在不断变化，出现在人们视野中的伦理问题的形式也相应变化。有的问题是旧问题的新形式，有的问题脱离了原胚胎，呈现出全新的内核。信息技术是当今新技术的典范，它引发的社会问题也极具代表性，既给人的全面发展带来机遇，也将技术与价值的复杂关系投射到虚拟世界，以其复杂的道德困境询问答案。从个人角度，信息技术的虚拟性在很大程度上给人类生活创造了另一个空间即虚拟世界，人作为物质世界的实践主体，正被信息技术带入信息世界的实践中，尤其是隐匿在计算机屏幕背后缺乏足够监督的情况下，人们生产、传播信息在很大程度上是内心最真实的选择。要如何面对自身欲求并在信息化时代完成交往活动，与个人的道德素养和所认同的道德准则关系密切。从社会发展来看，在信息技术的推动下，全球范围内的互联时代如火如荼，"知识经济"逐渐重于"实物经济"，白领阶层比例逐步大于蓝领阶层，而资本的流动在很大程度上也在世界范围内依赖信息资源的所有权，信息化的生产力催生了信息化的经济、全球化的经济发

① ［加］凯·尼尔森. 马克思主义与道德观念——道德、意识形态与历史唯物主义［M］. 李义天，译. 北京：人民出版社，2014：11.

展模式。当然，这些变化也给全球化的政治、全球化的文化、"后现代"的价值观与伦理观念的变化带来了新的契机。然而，变化并不意味着旧问题的解决，旧问题以多种新形式呈现出来，如数字技术知识产权问题、隐私问题，贫富差距在信息时代表现出的信息贫富差异即"数字鸿沟"问题以及由此导致的信息强国和弱国的关系问题等。还有我们未曾谋面的许多新问题，如现代技术以及以之为基础的工商业（资本社会）导致人类精神文化生活的巨变，历史虚无感、虚拟化生存等。面对信息环境，新的侵权、犯罪手段也层出不穷，而管制这类行为的规则、法律的出台则相对滞后。这是世界性的问题，同时也包含着各国独特的文化传统和教育的因素。对我国而言，信息时代的道德难题为当今我国的马克思主义伦理思想提供了一个新的契机，也呼唤"面向现代化、面向世界、面向未来"的"中国化马克思主义伦理思想"。

正是在这样的一种思维模式下，本书尝试在"信息文明"大背景下，对"中国化马克思主义伦理思想"进行研究，并尝试探讨信息时代的马克思主义伦理思想可能的理论拓展。主观上说，本选题主要源于以下具体原因：第一，从伦理的角度思考社会问题是个人在学习、工作、生活过程中的最大兴趣点，遂希望通过这个主题的研究，不断凝练自己的学术方向，进而在持续性的学术探索中有所获得；第二，与中国化马克思主义伦理思想进行对话，是希望借助马克思主义理论，对伦理学领域的问题能够看得更深远、更真切、更有说服力；第三，选取信息时代的"信息伦理"作为前提和基础，则是希望基于当下社会的具体特征，赋予中国化马克思主义伦理思想的发展以新的现代意义。

二、信息文明视域下的马克思主义伦理思想

伦理观念是先验性与经验性的辩证统一。正如语言文字先于语言学

的诞生，作为一种系统理论的"伦理学"出现之前，伦理道德的观念便早已存在于世。一方面，从个体角度：伦理观念与道德规范对每个人而言皆为先验存在，令自己的行为符合伦理要求也是限制、约束人类行为的手段，也正因为如此，创造、创新才需要"打破"些什么。因为伦理所指示的这种"应当"一定是有不言而喻的规则的。有了先于行为的标准方能判断、评价行为是否合乎伦理。康德将它称之为先天综合判断，我国传统道德称之为"伦常"。另一方面，从社会整体角度：伦理却并非天启的神秘法则，而是社会历史性的存在。正如高兆明所言，这是人类反思性地把握自身存在的客观结果，是人类在自己的长期生活实践中形成的一种理想的交往方式、存在样态在意识层面的抽象与表达。正是人们居于其中的这种社会伦理关系先在地规定了某一时代、某一社会中的具体的人拥有怎样的"应该"。所以，伦理是在人类世代生活历史中沉淀下来的，是人类自由精神与个性发挥的结果，甚至可以说是人类不断向内拷问自己，求取进步的手段，从而是区别于其他生物的人类文明发展的尺度。

以信息技术为首的现代科技为人类拓展了新的生存可能性空间，信息化生产方式的普及也给伦理思想带来诸多新变动、新要求，今天人类的伦理生活已然与过去截然不同，相应地前信息社会的马克思主义伦理思想与道德行为的评价原则也可能并不完全适合甚至完全不适合于新的时代，要解决当前信息时代的伦理危机，马克思主义伦理思想需要有信息时代的发展。这种发展首先是基于解决当前我国社会伦理困境的需要，例如，在信息时代，人的信息关系是怎样呢？与家族共同体的血缘关系、社会共同体即集体内部成员关系等有何相似性与差异性？马克思论证了物质财富极大丰富与人的平等之间的关系，那么未来是否存在着新的权力与控制，即新的压迫呢？信息时代的自由是否真的存在？集体主义原则在信息时代是怎样的呢？公正原则是否因为信息公正发生改变？信息时代法律与道德的关系将会怎样？此外，当"信息化生活"已经成为一种现代人类文化时，信息技术与伦理道德又有了复杂的联系，这也将对我国的马克思主义伦理思想发展产生影响。这都是在马克思恩格斯时代，甚至毛泽东时代、邓小平时代都未曾见诸，现今却正在探索实践的新情况。随着新情况，也总会涌现出新的理论问题，也会出现研究不够充分的问题，或预感到可能成立的新观点等。正如国家"十三五"规划指出，"十三五"时期我国将大力实施网络强国战略。这不仅是工业化发展带来的技术转型与升级，更是信息技术渗入生活世界，社会治理改革的必然选择。巨大的成就昭示着我国信息化进程给人民带来的巨大福利，也显示了我国在信息化建设中的潜力。当然，为了确保我国信息化进程顺利向前，我国要致力于构建一个有序的信息社会，培养具有较高信息素养的人民，信息时代同样应实现"民主法治、公平正义、诚信友爱、充满活力、安定有序"的和谐社会理念。

为更好地服务于我国学术研究以及从本土视角出发有效指导实践，有必要探询中国化马克思主义伦理思想与信息伦理之间的关系，尤其探讨中国化马克思主义伦理思想在信息时代的新拓展。

第一，探询中国化马克思主义伦理思想与信息伦理之间的关系及其可能的拓展。本书基于信息伦理兴起后，出现的一系列新的伦理问题与思维方式，围绕着"中国化马克思主义伦理思想新拓展"展开，因此首先需要解决的就是"拓展"这一核心问题。为了回答这个问题，首先要清晰概念，如中国化马克思主义伦理思想如何界定、包括哪些内容，信息社会与信息时代如何理解，信息伦理如何界定，有无广义和狭义之别，还有作为"意识"的伦理与作为"规范"的伦理分别如何理解等。在厘清上述问题的基础上，探询马克思主义伦理思想与信息伦理如何关联，又如何具体展开。

第二，拓展和深化对理论的理解。在伦理学层面理解中国化马克思主义理论的相关范畴并将其与时代变迁相结合，探讨如何建设新时代的中国特色社会主义伦理思想。这既要明确基本前提，也要对伦理价值体系做出理论预设和构想。在坚持马克思主义的指导地位的基础上，发掘中国传统伦理思想遗产并吸收和借鉴西方伦理思想，深入研究和总结当代中国的道德变革，探讨适应当代科技发展和经济发展要求的马克思主义伦理思想新拓展。既立足本国又面向世界，既具有伦理的独特性与民族性又包含伦理的时代性与全球性。

第三，对重要的伦理范畴加以探讨。广义上的伦理范畴是反映和概括人类道德行为及其特征、关系、现象等内涵与外延的基本概念；狭义上的道德范畴是指那些概括和反映道德的本质，体现一定社会整体的道德要求，成为人们的普遍信念而对人们的行为发生影响的基本概念。马克思主义伦理学也有一些基本的道德范畴，如"个人与集体""自律与他律""理想与现实""自由与权力""手段与目的"等，它们在信息时代的变化也是值得梳理研究的，这对于拓展马克思主义伦理思想的研究深度也具有重要的意义。

第四，结合中国信息化进程中的马克思主义伦理原则的实践进行研究。中国化马克思主义伦理思想不仅是书斋学问，更是经人类实践反复检验和建构的思想，因此它的生命力仍然旺盛。目前我国信息社会的发展进入一个重要的阶段，各种与其相关的社会问题突显出来，这就需要有对信息时代的社会文明通盘性与学理性的研究，并获得矫正这些问题的对策与方法，也即信息时代的中国化马克思主义伦理思想。这是理论发展的需要也是建设更美好的社会共同体的需要，对人类、对我国乃至世界都意义重大。"互联网是人类的新空间、新领域、新家园，需要新思想、新规则、新秩序……当今世界，每四个网民中，就有一个中国网民，中国理应肩负起网络大国的责任和担当。"①

三、探讨中国化马克思主义伦理思想拓展的意义

伦理问题在马克思主义理论中有重要的地位，是伦理学史上具有革命性影响的理论。历史唯物主义视域下，马克思及其继承者们把人作为理论的核心，将其置于具体的社会历史关系当中加以考察，提出通过变革社会制度以促进个人品德与社会伦理秩序的提高，且论述了其伦理理想即"全世界人的自由与解放"。中国化马克思主义也关注伦理问题，从多个维度对马克思主义伦理思想进行阐发与运用，这一方面说明马克思主义在不同时代的生命力，另一方面也构成马克思主义的伦理观被"细化"的前提。作为当今高新技术最重要的代表，"信息"令当今时代呈现出数字化、虚拟化、全球化、个性化等特点，催生了新的实践方式，新的社会形态甚至是人本身的存在方式。宏观上的民族国家的政治经济运行、中观上的群体社会生活与制度，乃至微观上的个体生活方式都因此产生了深刻而重大的影响，促使社会结构的变化和人类日常生活的变化。在此基础上，信息也促使人类认识方式、思维方式、价值观念发生变革，这些变革都是当代中国马克思主义理论发展所必然面对的问题。在信息时代思考中国化马克思主义伦理思想的时代新拓展，正是解

---

① 国平. 以公平正义主导互联网治理［EB/OL］. 央视网，2015-12-19.

决人与"信息"关系、人与人在信息世界中的关系、人如何与"虚拟存在的自身"相处的问题的合理途径。正如党中央也将"建设互联网强国"作为中国现在和可见未来的重要发展策略，提出"建设网络强国的战略部署要与'两个一百年'奋斗目标同步推进"①，"要加强网络伦理、网络文明建设，发挥道德教化引导作用，用人类文明优秀成果滋养网络空间、修复网络生态"② 等网络伦理和信息文明建设的思想。

此外，理论要源于社会和人的实践，不能在社会之外，不能独立于时代，更不能独立于现实作为"普世"的价值，并无普遍的伦理标准能够保证每种文化背景下，每个人的每个选择都是"合伦理"的，许多道德范畴本身也存在语义的争议。起源于技术哲学领域的"信息伦理"理论本身并不能够完全与中国社会相契合，中国问题需要马克思主义的视角，马克思主义理论为我们理解、把握当代中国发展的"现实逻辑"提供思想资源和方法论，正如中国化的马克思主义伦理思想是针对我国现实，对一般伦理学理论的超越和提升，马克思主义伦理思想的具体原则也应基于我国现代社会，作为我国人民在信息时代生存的价值坐标。另一方面，以"信息伦理"反思中国化马克思主义伦理思想，也是对马克思主义理论前沿问题研究的进一步深化，有助于更深刻地把握马克思主义理论。

除理论意义外，伦理问题与人关系非常密切。伦理学是关于道德的哲学，处理人与外界的关系，处理道德与利益的关系，并教化、规范人的社会行为，是人进行自我审视其行为是否道德，而这种道德是否正当

① 习近平．在中央网络安全和信息化领导小组第一次会议上的发言［EB/OL］．新华网，2014-02-28．
② 习近平．在第二届世界互联网大会开幕式上的讲话［EB/OL］．新华网，2015-12-16．

的标准。用黑格尔的话说，人是其自身认识外物与做出行动的真正主体，也是建构自我生活方式与一切社会关系的绝对中心。因此，一切理论都应以人的行为作为出发点，不仅要从理论和学术语境来探讨马克思主义中国化理论及其伦理价值维度，且还必须深入实践和现实语境当中，关注人的行为规范及其获得全面自由和解放的现实条件，才是马克思主义理论的内在要求。近代工业文明时代以来，科技发展迅速，工具理性因此获得了一席之地，而对人文精神的需求在一定程度上被忽视了。时至今天，伴随现代经济社会发展出现的诸多社会问题、环境问题乃至人的心理问题都与伦理道德的失范相伴随。当代人开始意识到技术发展应与人的道德水平同步的重要性，意识到道德规范是使用技术的前提，而经济、社会也不能没有合宜的伦理观念相配合。

作为技术在信息时代的最突出表现形态，信息技术使社会的、经济的、政治的和人本身的关系相互交织，日益突出的社会道德问题和不断扩大的全球化交往中产生的隔阂、矛盾甚至冲突，以及全球性环境问题使得对道德底线、全球伦理的寻求成为重要的伦理学课题。中国正处在社会发展的转型期，信息技术介入人类社会方方面面，催生了新的实践方式，新的社会形态甚至是人本身的存在方式，同时也有各种与其相关的社会问题突显出来，此时我们需要有对信息伦理问题的研究，来寻获矫治这些新问题的对策与方法。马克思主义理论强调科学技术的同时具有"历史进步性"和"技术异化"的双重可能性，其中既包含着技术进步论也充满批判性，是技术革命性与社会变革的统一，内在的包含着开放性和与时俱进的特点，因此，采用信息伦理作为切入点，研究马克思主义伦理思想的时代新拓展，对人的现代化生存有重大的现实意义。

当然谈信息问题并非意味着老问题、旧问题已经不存在或者不需要再谈，而是要将它们与新的环境与社会事实联系起来看待。而"信息"这个概念也早已有之，不论从科学技术角度还是社会人文角度，都并非完全的新事物，而是意味着一种有活力的新状态、新范式。问题是，我们不仅应认识到这一事物与过去的某种连贯性，更要看到它确实存在着"新颖"的那方面，具有颠覆性的那方面，令范式改变的那方面，而不仅仅是与传统连续的部分。正如马克思针对工业时代生产方式所做的研究，信息时代的某些特点也许可以说是与之存在相似性。从建设信息文明社会的高度来看，通过在全社会普及信息文明的知识，根据社会主义核心价值观中对我国公民的道德要求来提高社会成员的信息素养，由此使社会建设从信息文明中得到更多的"正能量"，是将马克思主义理论用于指导中国在信息时代平衡改革、稳定、发展关系的一种尝试。正如王学典在 2016 年 4 月在"中国道路与中国话语专题"研讨班上的演讲中提到的人文社会科学需要转型，即把中国"中国化"，"从中国经验上升到中国理论的时刻已经到来，中国应该从材料、文献、数据中心向世界的理论中心、思想中心、学术中心或演变或前进。从实践上，创造一个克服自由主义缺陷或高于自由主义的以儒家价值观为基础的东方伦理型生活方式……创造一种从中国经验出发、以回答中国问题为鹄的，从而最大限度地尊重中国特点、中国文化、中国传统、中国材料、中国数据、中国案例的而且有别于自由主义的哲学社会科学的崭新范式"①。

---

① 把中国"中国化"——人文社会科学的转型之路 [EB/OL]. 光明网，2016-09-21.

第二章

信息伦理

提起我们这个时代，不论是在社会经济领域、哲学领域还是日常生活中，经常看到的两个词是"颠覆"与"重构"，那么究竟是否有某种"实在"被颠覆与重构？如果有，这种事实上的改变是什么呢？如果并没有"实在"被解构与重新建构，那么这种"变化"或"发展"又是在什么意义上得到承认呢？从推动人类社会不断进步的技术层面来看：第一，如今层出不穷的新词如"人工智能""智能制造""云计算技术""大数据技术""互联网+""物联网""跨界融合"等，昭示着技术较之先前又呈现出更为先进的状态，且有大量现象表明这种变革致使人与自身、人与自然、人与社会、人与工具（机器等生产活动中的中介系统）之间的关系不复以往。当然，这种技术上的革新并非突然出现，而是人类实践能力与认识能力不断深化并给予技术不断发展的存在形态的结果。然而，通过对当代科技中最为抢眼的"信息技术"的研究发现，"信息"带来的影响不仅在技术层面，它更引发了人类历史上从未有过的生活方式的变革，这种巨大的改变也将带来思想的、文化的革新，并引领人类社会走向一种新的文明形态——信息文明。从这个意义上，信息技术与信息文明的"新"应当得到承认。第二，技术进步也促使人类的伦理观念和与之相适应的道德规范的改变，如今"信息技术"作为当代科学技术最重要的存在形式，也推动了哲学层面的时代拓展。因此，也不难理解随这一过程而势必出现的既有伦理观念的"革命"与道德规范体系的"失范"现象。具体来看，这些革新体现在：第一，从技术角度划分的人类文明形态的变化；第二，人与社会的互相建构作用导致人类存在方式本身的变化；第三，人与他人、与社会的关系的变化。

第一节　信息伦理兴起的背景

相信许多人都不止一次地思考过这一类问题：我们如今生活在一个什么样的社会？我们如何理解生活世界中各种约定俗成的伦理道德规约？到底是我们自己主宰着自己，还是其他的什么主宰着我们？这是令人感兴趣却又困惑的问题，因为这是关乎我们"从何处来，向何处去"的宏大议题，也是关乎我们如何处理与外界关系的细微规定。当然，对这些问题的回答，有赖于对社会所处历史时期和社会发展方向的认知，也只有在清楚未来方向的前提下，我们才能游刃有余地做出个人的选择。

一、伦理活动的场域转换：从工业文明到信息文明

文明是人类创造的财富总和，全面地涵盖了人与人、人与社会、人与自然之间的相互关系。从社会存在与社会意识两方面看，文明可以理

解为"物质"层面的文明和"精神"层面的文明，即作为"客观"上的文明和"主观"上的文明。"客观存在"包括一切实物记载的人类社会发展，如国家的建立、城市的建设、语言文字的出现、劳动工具和设备的发展等。作为社会意识的文明是一种"主观存在"，特指人的精神财富，如文学、艺术、教育、科学等"非物质文化"记载的人类社会发展程度，也包括人的伦理观念和遵从的道德规范。

工业时代的文明以生产的"工业化"为重要标志，由"机械化大生产"占主导地位，其主要特点大致表现为城市化、非农业人口比例大幅度的增长、经济的持续增长等；也表现为国家的民主化、法制化、教育的普及化、社会各阶层间流动性增强等。这些特征也可视作工业文明从农业文明中脱胎而出，向更为现代化的文明形态转轨的重要动力。从社会生产上看，相较于农业社会，工业社会中绝大多数劳动者从繁重的体力劳动中解放出来，"机器"成为代替人完成部分沉重体力劳动的工具，而工人们则从直接面对劳动对象变为面对机器进行操作，包含着智力因素的劳动专业化程度增强，精细复杂的产品也可以大批量地生产出来。经济上，由资本主义的生产方式代替了手工劳动。从政治上看，人类从"面对物"逐步走向"面对人"，社会关系较之以往更为复杂多元，多次革命和改革也引发了政治巨变，资产阶级推翻封建统治登上历史舞台，吹响"自由、平等"的号角，启蒙运动与理性主义一起造就了新的人。人从家族和土地中脱离出来，大规模的频繁流动，成为一个个分散的个体，又因为职业和城市化聚拢到一起，重新组建起拥挤的"陌生人的社会"。人们在工业文明生活方式的惯性之下，创造了世俗的、共同的文化，使用同一种通用的标准语言，对所有社会成员适应工业文明和工业社会的分工而展开大规模的、标准化的国家教育，令全社会共享同一套价值观，认同符合工业文明的伦理观念和道德规范。然而面对伦理道德问题，人类却不是那么容易达成一致，借用堺屋太一的一句话，"不同的社会有不同的信念和社会规范，它的基础是不同的美学意识和不同的伦理观念"①。第一，随着近代自然科学的进步和人道主义的兴盛，人类逐渐认识到自身的能力并逐步走向"人类中心主义"，改造自然并发展经济成为最合理的事情，相应地缺少对人类命运共同体利益的重视和关注，也造成了诸多生态问题和环境问题。第二，消费主义思潮成为发达国家和地区人群的主流消费价值观。"工业社会的价值观念是'消费更多的物资是好的'美学意识和'最大限度地满足人的物质欲望'的伦理观念的综合"②，也即所有的"正义"都与财富增加和财富的分配规则联系在一起。第三，处理个人与国家、社会的关系方面，工业文明时代各个国家的道德教育一方面重视个人主义，这在资本主义兴起的精神动力即新教伦理中体现得非常明显，另一方面也强调国家主义，即注重对民族国家认同感和忠诚度的培养。可以看出，这些意识和社会规范伴随着经济发展的程度体现出时代的特征，也作为意识形态或者通过人们约定俗成的习惯反作用于经济社会的发展。

然而历史不会永远在同一文明层次上循环往复，正如技术发展导致原始的渔猎文明、农业文明的生活方式衰落和工业文明生活方式的兴起，今天，人类又被带入了文明的下一个阶段。"较之以往，现代人的活动范围不断扩展，互联网的普及扩大了人们的思想疆域，使其不再囿于地域的界限，可以接触到来自全球的信息；移动终端的智能便捷令人

① ［日］堺屋太一．知识价值革命［M］．金泰相，译．北京：东方出版社，1986：132.

② ［日］堺屋太一．知识价值革命［M］．金泰相，译．北京：东方出版社，1986：132.

随时可以进入虚拟世界，从事贸易或者消费……"① 而在消费主义的影响下，"自由选择的权利和个性化被特别强调出来。可以发现，社会价值观更多地呈现出'个人本位'趋势，即个体能借助信息技术的手段获取知识，认识世界。这种信息化生存的方式由青年一代率先掌握，逐步扩散到所有人。伴随这一过程，社会也由'后象征文化'（postfigurative）即'未来是过去的重复'，逐渐过渡为'前象征'文化模式（prefigurative），即'未来是未知的'"②。如约翰·奈斯比特（John Naisbitt）提出，"事实上我们已经迈入了一个以创造和分配信息为主的经济社会"③。从刀耕火种的原始文明时期到机器轰鸣的工业时代，人类从未停止前进的脚步，当信息技术渐成人类生存不可或缺的因素，信息社会、后工业社会的概念被越来越多地提及。如今"信息"不仅是个热词，更成为全人类对未来理想生活形态的设计。

1980 年，阿尔温·托夫勒（Alvin Toffler）提出，"电脑网络的建立与普及将彻底地改变人类生存及生活的模式，而控制与掌握网络的人就是人类未来命运的主宰。谁掌握了信息，控制了网络，谁就将拥有整个世界"④。《大趋势》一书也提到，新的财富是"技术知识"，时间和空间也为信息技术的传播所改变。"我们被信息淹没，却又渴求知识。"⑤

① 窦畅宇，肖峰. 信息时代的代际伦理与青年的代际义务 [J]. 中国青年社会科学，2017（2）：19.
② 窦畅宇，肖峰. 信息时代的代际伦理与青年的代际义务 [J]. 中国青年社会科学，2017（2）：19.
③ ［美］约翰·奈斯比特. 大趋势——改变我们生活的十个新方向 [M]. 梅艳，译. 北京：中国社会科学出版社，1984：1.
④ ［美］阿尔温·托夫勒. 第三次浪潮 [M]. 黄明坚，译. 北京：中信出版社，2006：6.
⑤ ［美］约翰·奈斯比特. 大趋势——改变我们生活的十个新方向 [M]. 梅艳，译. 北京：中国社会科学出版社，1984：23.

并称进入信息社会的标志"一是 1956 年美国历史上第一次从事技术、管理和事务的白领工人超过从事体力劳动的蓝领工人。二是 1957 年苏联发射了第一颗人造卫星，开辟了全球卫星通信时代，使地球缩小成一个'村庄'"①。如今发达国家和地区被计算机和网络等信息技术"全覆盖"，生产方式逐步数字化、信息化、智能化，人的生活方式也越发依赖信息架构的网络和各种智能制造的设备。此外，信息化的速度和效率都远超过去的技术，如果说工业化用了一百年时间才完成自身的成熟，而信息化每十年就是一个分水岭。梳理一下信息化进程中，每个时代出现的场景：在 PC 互联网时代，笔记本电脑在办公场所大规模普及，路上也能看到抱着笔记本电脑的人。在移动互联网时代，手机成为信息的终端，尤其是智能手机的更新换代之快，令人应接不暇，马路上、地铁里，随处可见"低头一族"。

当信息匮乏的问题通过互联网得到了解决，书籍、报纸、杂志、电视等相对的"传统媒体"便逐步被边缘化，包括旧有的信息输出衍生行业如光盘租赁业、录像厅早已消失，甚至实体书店都面临着冲击，如未加入电商的行业，也度日维艰。对个人生活而言，当获取信息便捷性的问题通过移动互联网得到解决，电话少了，短信被 QQ、微信取代了，主流媒体的收视率面临危机，信息在社交媒体的传播却常常出奇制胜。如今真正令人困惑的不是"信息匮乏"，而是"信息冗余"的问题。在可以预见的未来，虚拟现实技术（virtual reality）、智能穿戴设备（wearable smart devices）如谷歌眼镜、智能头箍、智能手表等都在逐步推向市场，成为普通的生活用品。鼠标、键盘或许也会被陈列在历史博

---

① ［美］约翰·奈斯比特. 大趋势——改变我们生活的十个新方向［M］. 梅艳，译. 北京：中国社会科学出版社，1984：14.

物馆。信息技术将人类带入了新的生活方式、新的社会形态、新的文明形态之中。

关于什么是"信息文明",学界和业界充满了似是而非的概念,如不辨明,则有碍信息时代新的伦理学的有效性。这种定义、内涵的模糊性与人们使用"信息社会"和"信息时代"概念的含混有关。第一,关于信息时代,欧美及发达国家的时间跨度概念是从 1969 年开始,我国和部分发展中国家的信息时代从 1984 年开始。而 1996 年在北京举行的"信息基础机构国际会议"上所发表的《信息时代宣言》指出:"人类社会以其持续增长的加速度,由既往奔向未来:百万年蒙昧,数万年游牧,几千年农耕,几百年工商;如今,正经历一场前所未有的巨变,由工业时代迈向信息时代。"① 这也被称为人类第一次跨越地域、国度、民族、肤色、信仰、语言等差异所达成的共识。第二,关于信息社会,一方面是狭义意义上的,可以将"赛博空间"(Cyber Space)看作一种信息社会,即所谓的"虚拟社会",作为一种"亚社会"类型从而拥有一种"亚文化"。另一方面是广义意义上的,即在"网络时代"这个意义上使用,是以主导技术更新有关的。根据技术社会形态理论,以生产力和技术发展水平以及与此相适应的产业结构为标准,社会形态的历史过程为渔猎社会、农业社会、工业社会和信息社会。如铁器之于农业社会,蒸汽机基于工业社会,计算机基于后工业社会,实际上信息社会是指以信息技术作为典型技术的社会形态。

信息文明是在人类走向或者进入信息社会的过程中,创造出来的一种新的文明。信息文明也有两个层次,一方面是"主观存在"的信息

---

① 钟义信,邓寿鹏.信息时代宣言 [J].今日电子,1996(7):99.

文明，另一方面是作为"社会客观存在"的信息文明。第一种信息文明又分为两种，即狭义信息社会中的文明形态，即互联网架构的虚拟社会中的信息文明和广义上的"信息社会"的文明。前者即互联网等虚拟社会对网络行为的道德方面的要求。这种伦理要求并非在现实社会中，但它与现实社会关系密切且相辅相成，当网络活动成为人类未来的必要行为方式，对于这一空间中的行为道德要求必然不容忽视。而后者，广义的信息社会的文明形态指的是信息时代人的素质、品德，以及对符合信息文明的道德规范的认同与服从。不论是什么意义上的信息文明，都是对人的实践结果的客观评判，也是对人类思想意识等主观存在的要求。

从客观存在的物质文明层面来看信息文明，较之以往，信息文明呈现出不同的特征，这一切都是由信息技术引发，随着信息发展又将引起社会、经济、政治、文化的变化。比如，职业模式的改革、教育方式的革新、社会交往结构的重组、民主本身被重新评估等。正如文森特·莫斯可（Vincent Mosco）所言："直到前不久，信息依然是稀缺的；但如今，它却异常丰富。直到前不久，传播技术依然是有限的；但如今，人们到处都能够以迅速降低的价格获得这些技术。直到不久前，人们还主要是依靠双手来劳动；但如今，他们则主要依靠自己的大脑来创造知识和提供服务。直到不久前，人们对社区的选择主要还是受到出生的偶然性限制；但如今，它对选择是完全开放的，并且受制于持续的更新和变化……正如《旧约》与《新约》的差异一样，信息时代与先前的时代是完全不同的，这是一个由信息本身来加以界定的新时代。不管揭穿这一时代的独特性是多么的容易——因为它只是将焦点放在了信息上。"①丹尼尔·贝尔（Daniel Bell）也曾对信息社会的基本特征和发展趋势做了系统分析。他认为，信息社会主要有五方面特征，分别体现在经济（服务业增加）、职业结构（科技人员与专业人员占主导地位）、知识形态（理论知识增加）、技术类型（有计划与节制）与决策方式（依靠智能技术）上。

从精神文明的要求来看信息文明，"如果说自然界被命运之机会所决定，工艺界被理性和熵所决定的话，那么就只能用恐惧和颤栗来表征社会了"②。第一，信息技术通过改变社会分工变革了生产的方式，也令人们从土地上、工厂中解放出来，越发分散化、原子化，人类活动的疆域和思想的界限越发宽广，不再受制于地域与国界，也不再盲目相信任何权威。权力的消解与重构，带来价值的多元与虚无。比如，信息时代出现了一批技术高超的计算机爱好者，俗称"黑客"，在一定意义上讲网络黑客与现实中的小偷行为具有一致性，现实社会的小偷到别人家里偷了东西溜走，属于违法犯罪；但是黑客到别人"网络上的家"——电脑系统中逛了一圈，有时也"顺手牵羊"，但人们却更多地表现出崇拜的心理，没造成重大影响前并不以为是多么严重的事件。的确，在规则多元的状态之下，针对信息活动缺乏为所有人认可的伦理价值观与明确有效的法律规范，信息时代的伦理观念出现了模糊性与不确定性，人们的道德选择在本质上是摇摆不定或者说是矛盾的。第二，工业文明时代滋生的消费主义思潮可能进入另一个极端即"信息消费主

①　[美] 文森特·莫斯可. 数字化崇拜 [M]. 黄典林，译. 北京：北京大学出版社，2010：32.
②　[英] 齐格蒙特·鲍曼. 后现代伦理学 [M]. 张成岗，译. 南京：江苏人民出版社，2003：19.

义"。"当人类能够更快地获得资讯，更广泛地认知和更高效地行动时，人的消费能力和边界也随之扩大，并进一步凸显出其在社会生活中的地位。消费不仅意味着金钱的消耗也是自身时间和精力的抛洒，对信息社会而言，当海量的信息消费品涌来，认识、甄别的成本就随之上升，因此，如果说消费主义是工业革命和资本扩张的后果，那么信息时代的消费则使得这种'现代化的后果'更为显著。当这种信息消费的追求超过了正常的度，以至于对信息消费品过度需求，对信息崇拜和坚信不疑，甚至将信息消费作为最基本的生存方式……都将对理性的生活造成干扰。"① 可见，信息时代的人们一方面享受着按照自己心意选择的自由，一方面也失去了确定的引领和共同认可的信仰。于是新的伦理问题，如平等问题、公正问题、安全性与隐私性问题都可能给信息时代带来"信息不文明"。

不论是从经济、政治抑或社会文化、伦理道德方面，信息文明都呈现出不同于工业文明时期的特征，信息如今也不再局限于技术问题视域之内，而是作为社会问题、伦理问题呈现在我们面前。我们这个时代，人类越发习惯了信息的无处不在，就像不能离开空气一样不能离开信息架构的世界。这是 21 世纪一切理论和实践的背景，而其中最关键的是，作为实践主体的人本身的某些方面被改变了。

二、信息时代伦理活动的主体转换：从线下世界的人到赛博空间的人

人的问题是所有哲学的首要问题。正如恩斯特·卡西尔（Ernst Cassirer）说："认识自我乃是哲学探究的最高目标——这看来是众所公

---

① 肖峰，窦畅宇. 青年的信息消费主义及信息文明引导［J］. 中国青年社会科学，2016（12）：40.

认的。在各种不同哲学流派之间的一切争论中，这个目标始终未被改变和动摇过：它已被证明是阿基米德点，是一切思潮的牢固而不可动摇的中心。即使连最极端的怀疑论思想家也从不否认认识自我的可能性和必要性。他们怀疑一切关于事物本性的普遍原理，但是，这种怀疑仅仅意味着去开启一种新的和更可靠的研究方法。"① 亚里士多德也宣称，"一切人类知识都来源于人类本性的一种基本倾向——这种倾向在人的各种最基本的行为和反应中都表现出来。感性生活的全部内容是被这种倾向所决定并且充分体现着这种倾向的"②。自从信息技术从高科技的"神话"成为人类生活中的一部分，成为人的身体的延伸——如电脑是人脑记忆的延伸，网络是人眼睛和耳朵的延伸，虚拟现实技术是人的感觉能力的延伸——人类感性生活的边界被信息技术所拓宽了，人类从线下的现实社会"进入"更广阔的赛博空间即虚拟社会之中。作为现实社会的延伸，虚拟社会也将在其中进行着伦理活动的人本身进行着延展与重构，使这一空间中的人类身份特征和主体类型改变。

（一）信息时代伦理活动的主体特征

信息时代，当"在线"这样一个在哲学上看来是与"在场"相对应的人类行动维度无比真实地呈现在现实中，我们不禁要思考笛卡儿（René Descartes）的身心二元论"思"与"在"所代表的确切含义。如果说"虚拟"是与"真实"相对应的范畴，那么"真实的在线"状态是一种"虚拟的在场"吗？或者说对于人的伦理活动而言，究竟是意识在场更重要，抑或是身体在场更重要呢？对这一问题的回答，涉及信息时代伦理活动的主体特征：在虚拟与实在之间、在稳定与流动之

① ［德］恩斯特·卡西尔. 人论 ［M］. 甘阳，译. 上海：上海译文出版社，2003：3.
② ［德］恩斯特·卡西尔. 人论 ［M］. 甘阳，译. 上海：上海译文出版社，2003：3.

间、在"本然"与异化之间。

1. 在虚拟与实在之间

信息技术架构的赛博空间是对现实社会的"模拟"和"延展"，它提供了人们工作与生活的另一类空间，使人展现出丰富多彩的状态。如一个现实身份受限制的人可以在网络中重新塑造另一个形象而不怕被戳穿，对社会不满的人几乎可以随意在网络中吐槽和谩骂而不用担心被抓捕，对现实感到无趣的人可以沉浸在网络游戏中寻找另一个心灵的归宿，……随着信息技术的进步，人的主体性被科技放大，似乎更加自由和自主。不论什么目的，应该说主体抛开了自己的名字（真实的身份），以匿名（虚构一个 ID）的方式在赛博空间中活动有其必然的理由。从积极的意义上说，一方面，意识活动的独立性"会使意象图景、未来设想成为一种被强化的理想力量，成为一种高于现实的参照系统，反过来加强并深化对现实事物的理性追求和理性批判"①。另一方面，精神层面的需求也是人超越动物性，具有类本质特征的重要方面。但是，不能否认相当一部分网络行为具有消极意义，无拘无束的诱惑实在太大，在网络中逃避现实、逃避社会道德约束和法律约束的行为不胜枚举。尽管许多不道德的网络行为看不见摸不着，这些行为仍然可能给网络使用者自己和他人造成影响。因为在赛博空间中"活着"的主体其实是一种虚拟性和实在性共存的主体，他们仍受到自我实在的躯体的限制，并不能离开水和空气，做出道德判断的仍然是实在的大脑，采取行动的仍然是真实的身体，虚拟活动并不能等同于意识活动，它产生的是实在的后果。因此，赛博空间中的主体是人的实在性与虚拟性的统一，

---

① 胡潇. 意识的起源和结构［M］. 北京：中国社会科学出版社，2004：285.

既与现实生活中的自我相对立又紧密相关。

2. 在流动与稳定之间

信息时代,在网络中"围绕着某种兴趣或需求集中进行交流"的"虚拟社群"(virtual community)可谓是技术渗入人类日常生活的重要一步。从 BBS 到网络聊天室,从需要用户达到一定等级才有权建立的 QQ 群组到任何人随时随地可以建立并长期保存的微信群组,可以发现网络中"社群"的产生和消亡越来越容易,相比于以家族血缘或者地域界限划分的传统社群而言,现代社会的人们完全可以根据自己的需要进入或者离开一个虚拟的社群,即使有义务为社群服务,也是出于责任感而非法律规定的义务。因此,信息时代作为伦理主体的人的突出特点是流动性更强,他们可以超越地理的界限与世界各地的人互联,也可以随时更改网络 ID"混"入其他社群,甚至一旦下线就消失得无影无踪。当然,这种流动性是基于网络行为主体身份不确定的前提,但是不论有几个账号、几个虚幻的美名都并非凭空生出,而是由屏幕背后真实的人设定的。因此客观上说这种流动性与线下的现实社会有所区别,并不意味着身体真实的迁移。更重要的是,基于个人兴趣与学习的需要组织起来的虚拟社群,其成员在某种程度上对组织更为"忠诚"。这在粉丝群、品牌群体现得非常明显,正所谓"物以类聚,人以群分",当一群"迷妹""迷弟"聚在一起时,他们的某种价值观和意识倾向往往会获得认同和赞赏,从而更加"固执己见"。从这个意义上来看,网络主体的行为倾向也具有相当程度上的稳定性,是流动性与稳定性的辩证统一。

3. 在本来面目与异化之间

"本来面目"即"本然",事物原本的样子。所谓"人之初,如玉璞"，人的本性是"生来"就有的，是自然赋予人的动物性的本能，并非后天有意识地确立的。因此，虽有"性善"与"性恶"之辩，却都是人本身包含的潜质，并不受到外物干扰。正如洪应明认为"人品做到极处，无有他异，只是本然"。但是，当信息技术与人性结合起来，其中的作用关系就复杂起来，技术可以提升人性，也可以带来道德水平的下降，造成人的"异化"问题。

对于作为实践主体的人来说，外物皆是异己之物。费希特（Johann Fichte）提出"世界是自我创造的非我"，对信息技术的不正当使用，使人的自由自觉的对象化劳动不仅不能成为人的本质表现，而且表现为人的类本质的异化。如马克思所言："工人生产的财富越多，它的产品的力量和数量越大，他就越贫穷。"① 信息时代，人类创造的信息越多，选择的自由越大，他们就越容易陷入信息不自由的新型异化之中。有学界观点认为，"信息异化的现象表现为有一定程度的递进关系的五个层面：信息饥饿、信息焦虑、信息崇拜、信息污染、信息犯罪"②。表明信息成为"异己"的东西与人的本质相分离，进而人也成了"信息化的人"。从人们对手机、电脑、互联网的依赖可见一斑，2014年年底的一项调查表明，每个拥有智能手机的中国人平均每天要摸手机150次，人在日常生活中越来越离不开手机，手机甚至成了人的"新器官"，人则被手机所深度异化。另外，大数据的兴起使一切都可以被记录在案，任何用户在网络中的行为（包括适时的网络搜索内容）都可以被记录下来成为难以抹去的"案底"，若对这些数据加以分析，或许每个人的

---

① 马克思．1844年经济学哲学手稿［M］．北京：人民出版社，2000：51．

② 张立彬，等．信息异化的心理机制及其对策控制研究［J］．情报理论与实践，2010（4）：32-35．

行为、心理活动都显露无遗。从这个意义上看，人的信息自由又是极其不自由的。进一步说，这些有损于人类"本然"的异化情况也是信息技术的"人文"效果。因此，从人的角度，信息究竟给人带来的正价值更多还是负价值更多，还有待进一步考虑和辨识。

（二）信息时代伦理活动的主体类型

人是实践活动的主体，人的多样性是一种天然的现象，因此人的道德实践也呈现出丰富多样的特征。随着信息时代的到来，人的道德选择出现更为复杂多元的标准与可能性，根本原因是人作为伦理活动的主体本身更为多元化。第一，从人与技术的关系来看：相比农业时代、工业时代而言，信息技术不仅仅是工具，只承担"认识客体"和"中介"的角色，而是以"人机一体化"的模式干涉人类活动，人成了"信息化的人"，而信息则成为"伦理主体"和"伦理行动"的一部分。第二，从人与人的关系来看：人类之间的联结更为紧密，成为新的"命运共同体"，且在赛博空间中人往往以群体的形式进行道德活动。

1. "人—信息"系统

技术和技术产品首先是人工物，是作为工具满足人类目的的手段。正如马克思说，"自然界并没有创造任何机器……它们都是工业化的产物……它们是由人类的手创造的人类头脑底器官"①。但是近年来不断出现的技术异化现象显示出，当技术的发展超越了人的理性控制能力，或人类未能"善用"技术，这种目的与手段的矛盾就会凸显出来。从这个意义上讲，信息"既是治愈，也是毒药"，是促进人类现代化生活的必经之路，也是造成社会失范和伦理困境的缘由。因为技术并不是单

---

① 马克思恩格斯全集：第46卷（下）[M]. 北京：人民出版社，1979：219.

纯的工具，而是人意识的外化或物化，体现着某种目的在其中。如肖峰所言，技术是"人把自己已经掌握了的自然规律能动地整合到自己的目的性预期中来的一系列过程及结果。从其结果看，它本身就是人的目的性预期与其相应手段或者工具的实现了的统一体"，也即"技术成为人的意识的物质形式，是人类有目的的引起自然界定向变化的手段与方法"①。作为意识的物质形式，技术中包含有某种主体目的性，如某些设计中隐含了设计者、制造者的道德，类似于"道德物化"的思想，这种设计将成为包含着道德属性的存在。作为一种人与外界的中介系统，维贝克（Peter-Paul Verbeek）在《"物"能做什么》中将人与技术的关系概括为"人—技术—世界"，那么如果说人通过信息技术与外界发生关联，我们也可以将这一系统概括为"人—信息—世界"模式，也即信息技术在人与世界的关系上具有重要的过滤和建构作用。更进一步，在信息文明视域之下，我们还可以将"人—信息"看作一个系统，作为伦理行动的主体与外界进行交流。这个系统中，人被信息化为"信息化的人"，人与信息是共生合成体（symbiotic merger），而信息作为本体的一部分也是"道德行动者"② 的一部分，参与人的道德行为。

例如，赛博空间中交往的最普遍形式，即在线聊天，就体现出人的意识经由信息传播可能发生的放大效应。信息发出者和信息接收者双方沟通要通过信息这一中介进行，彼此都无法确定对方的想法，理解的实现要借助屏幕传递过来阅读的信息，如对方发出的文字、表情符号、语音、视频等。可能此时并未感到高兴，却仍然发出一个大笑表情给对方；可能在聊天中与人非常亲密，但其实是一种"超真实"的假象；

---

① 肖峰. 哲学视域中的技术［M］. 北京：人民出版社，2007：171.
② 邬焜. 中国的信息哲学研究［M］. 北京：中国社会科学出版社，2012：122.

可能并不认同对方的道德观却没有公然表示反对；可能认为随便"吐槽"一句并不算不道德，但经过网络中大量错误解读就变得非常严重；等等。总之，尽管信息并不是主体也没有主动性，但信息的方式在表达思想意识过程中非常重要。在关涉伦理问题的虚拟交往中，对伦理主体的认识应当更为全面。

2. 新的社会共同体

不同于卢梭眼中"野蛮的自然人"，康德的伦理理论选择从文明的人出发，涉及的是"智性世界"中"理性的存在者"。在此基础上，马克思指出："现实的人，不是处在某种虚幻的离群索居和固定不变状态中的人，而是处在现实的可以通过经验观察到的、在一定条件下进行的发展过程中的人。"① 人是实践中的人，是社会性的存在，因此个人需要在社会共同体中生存。也因此，由人构成的社会共同体也是社会历史性的存在。当信息技术提供的生活模式和话语空间不同于过去，随着现代化、信息化的发展，人们生活范围极大扩张而非祖祖辈辈偏安一隅，尤其是大量年轻人被城市化、大城市化甚至全球化推动而离开故土，成为现代社会的一员，传统的社会共同体趋于解散，新的社会共同体逐渐建立起来。更值得注意的是信息时代的另一种趋势——虚拟实践中人类甚至呈现出"原子化""零散化"的状态，人们凭借个人兴趣与需求建立了新的更为复杂纠缠的共同体模式。较之过去"被决定"模式，这样由自己主动选择成立的共同体其成员或者是素质、能力差不多，或是价值观、伦理观更为相似，更多是非正式的、以情感为纽带的社群。更进一步，从整个社会而言，有研究表明，信息技术有力地促进了"社

---

① 马克思恩格斯文集：第1卷 [M]．北京：人民出版社，2009：525.

会新阶层"的兴起。以互联网行业、金融行业为龙头的第三产业从业者是巨大的、潜在的推动社会进步和革新的力量。以上事实表明，要关注信息时代新的社会共同体及其伦理活动。因为这些共同体不只是欣欣向荣的新事物，网络中的"乌合之众""群氓"也属于"共同体"的一种，尽管具有偶然性，他们凑在一起却非常容易滋生不理性的情绪，对个人和社会而言都有潜在的危险性。

三、伦理主体与社会的关系转换：从现实关联到网络互联

由于信息时代主体类型的多元，主体的行为方式和互动模式也从"现实关联"扩展到"网络互联"。具体看来，主体的行为与互动方式从身体"在场"到意识"在线"，从去传统中心到多中心及自我中心走向了网状的联结。

（一）信息时代主体行为方式和互动模式

从对伦理主体行为的影响因素看来：首先，伦理活动的场域是影响主体行为的外部因素。主体行为展开于由社会提供的伦理行为空间之中，信息时代新的社会共同体在某种程度上摆脱了"前信息时代"的"熟人社会"中诸多约束，如祖祖辈辈生于斯长于斯的土地与家族、学校班级等固定的集体、全家一起供职的大型国有单位等封闭性的、紧密型的、依附性的生活空间，变得多元而开放。这种新的"陌生人社会"的环境为主体伦理行为改变提供了客观基础。其次，伦理主体的道德责任感与道德素养是影响其行为的内部因素。网络社会在某种程度上是现实社会的再现，那么网络行为也是现实行为的夸张或放大，当脱离了管束和限制的主体拥有相对自由的选择权利时，如何支配这种自由就需要伦理主体直面其内心的操守和对自身道德规范的认同感。

1. 从"在场"到"信息化在场"

人类进行信息消费的情景发生了巨大的变化，且这种变化日新月异、从未停止，这是作为传播媒介的信息技术本身导致的。语言传播时代，人们需要面对面进行口口交谈，重大事件需借助记忆回想；印刷时代，人们能够通过书信往来进行交流，盼一封"鸿雁传书"或许数月有余；电子传播时代，电话、电报、留声机的出现突破了空间限制，人们能够迅速而真切地获得来自远方的信息；如今的网络时代，只要将手机带上，只要手机还有电，就不会"失联"。从关联的方式来看，信息时代的人们彼此发生联系的地点越发不受限制，联系需要的时间也越发短暂，联系的方式从面对面接触到网络视频，到智能手机中的即时通信APP，再到VR技术架构起场景化的虚拟现实空间，以至于人们只要带着手机，带着VR设备就每时每刻都处于"在"的状态，随时可以被找到，想清静一下还需隐身甚至关机。作为传播方式的信息技术的演变使得"在每个阶段，语言与社会、观念与行动、自我与他者的关系各不相同"①。在信息时代，主体这种从"在场"到"在线"即从自己身体在场到"信息化的在场"的转变是非常明显的。在场既是一种状态，也表明一种相互可能发生联结的关系。因"在场"意味着可以被感知并得到反馈，可以感知到的对象我们便认为它在，否则便无从确定是否存在。所以从功能主义角度看，"信息化在场是等价于亲临性在场的，并且还可以克服'亲临现场'的种种局限：对于在场者来说，通过信息化的辐射是自己的在场效应极大扩展，可以被如此多的他人所接

① ［美］马克·波斯特. 信息方式［M］. 范静哗，译. 北京：商务印书馆，2014：10.

触……人的社会性、主体间性等特征得到更充分的展现"①。

2. "中心"的改变

信息技术带来传统与现代断裂的第一步是去中心化,这个中心是传统的信息发布中心,如权威报刊、电台、电视台等。在过去,信息的传播采取单向方式,通过主流媒体到达受众,受众的反馈较为微弱。而互联网架构了信息网络和社交网络后,网络中的每个用户都是信息发布者,都可以成为一个信息中心。信息传播呈现去中心化形式,用户对信息可以"按需交换""按需消费"。当然,去中心化并不意味着传统权威机构对舆论没有或失去控制。信息建构的"新世界"并未创造出一个人的身体与意志双重解放的时代,反而加剧了复杂的权力争夺与不公正的延续。我们仍处在"被分化的社会"之中。正如卢因(Kurt Lewin)的"把关人"理论指出,信息的网络传播路径中存在"把关"行为,这个角色的任务是决定由信源发出的信息是否能够进入并持续通过信道到达信宿。因此,网络用户最后看到的内容绝非事实的全部,而是经过媒体议程设置后的,带有某种意识形态倾向的信息。因此,传统意义上的新闻事件发布中心虽不存在,对知识权力的运用却无处不在,网络并非如想象中一般真实。此外,信息技术还催生了许多新的信息中心,比如,无处不在的"意见领袖",即"在将信息传给社会群体的过程中,那些扮演某种有影响力的中介角色"②,如新浪微博造就了一大批网络大 V(VIP),娱乐明星、专家学者等,拥有众多粉丝,一呼百应。大 V

---

① 肖峰. 信息主义:从社会观到世界观 [M]. 北京:中国社会科学出版社,2010:484.

② [美]塞佛林,坦卡德. 传播理论:起源、方法与应用 [M]. 郭镇之,徐培喜,等译. 北京:中国传媒大学出版社,2006:202.

自己的私生活和言论将引起巨大反响，被大 V 转发的消息也往往迅速成为热门新闻。最后，更重要的是，信息时代的每个人都是"自我中心"的信息主体，因为不论信息的获取还是传播，都是从个人需要出发并按照自己的意愿行动的，最重要的是这种选择是可能的，而不是想象中的，人的主体性因这种自由得到了前所未有的提高。也是从这个意义上，我们说信息技术引领的时代变迁、社会变迁甚至人类行为方式和思想观念的变化是革命性的。

3. 信息网络结构与人的行为结构

1967 年，哈佛大学心理学教授 Milgram 及其后续工作通过一系列实验发现世界上任意两个人之间的联系仅需要通过六个人就能实现，即"六度分割理论"①。网络上这一趋势更为明显，信息网络结构之下，人与外界的联系也呈现出线状连接到网状连接的"进化"，不同于过去，需要许多"中间人"才能联系到空间距离或者职业距离较远的人，如今的每个人都有条件直接与他人发生联系。如果说等级制或层级制是社会生活中最典型的方式，则很容易理解我们不能轻易地见到上级的领导们，且领导想见我们也很困难，那么在信息架构的虚拟世界中，连接的扁平化、开放化，使得双方只要能够实现信息化的"在场"，就可以同任何一个人在任何地点建立联系。这种信息空间中的网状结构也使得现代人更趋向于马克思强调的"人的本质是一切社会关系的总和"。作为社会共同体中生存的人，其行为方式、认识能力和伦理观念都将受到社会的形塑。一方面，人"只有生活在具体的社会关系中，利用社会形成和给予的实践活动和思维活动的各种手段和形式工具，语言，逻辑概

---

① MILGRAM S. The small world problem [J]. Psychology today, 1967, 2 (1): 60-67.

念，范畴，各种实践经验和思想资料，并有意识地从事对象性活动的社会的人，这种类存在物，才能成为现实的认识主体"①。郑永廷等也指出："网络交往已经成了现代人的重要交往方式……对现代人的本质、需要、个性等方面的发展具有重要价值。"② 另一方面，由人构成的社会发展也有赖于所有社会成员行为的建构。因此社会的良善是全体成员共同行为的结果。爱因斯坦曾说，"科学只回答是什么的问题，关于应当如何的价值目标问题则在它的视野和职能范围之外"。信息技术引发社会存在层面的改变，却也需要人文精神与之相适应。例如，伦理主体的责任意识，也更要有明确的伦理价值观和与之相应的道德规范引导主体的网络实践。

（二）共识性伦理与"群道德"

原子式的主体各自为政，遵从自己的伦理法则，但处于与他人共在的信息时代，需有共同的价值观或者某种共识，才能保证每个人的利益不发生冲突，确立"共识性伦理"和"群道德"的必要性不言而喻。正如康德认为自由的理性存在者只有结成"伦理的共同体"才有可能实现"至善"，马克思也提出，"只有在集体中，个人才能获得全面发展其才能的手段，也就是说，只有在集体中才可能有个人自由"③。伦理学家阿佩尔（Jocob Appel）和哈贝马斯（Habermas）将康德"原子式的孤独的先验道德主体"转化为在理性对话基础上的"交往共同体"的交互主体性，这种伦理共同体不同于遵守国家法律的政治意义上的共

① 马克思. 1844 年经济学哲学手稿［M］. 北京：人民出版社，2000：321.

② 郑永廷，昝玉林. 论网络群体和人的发展［J］. 思想政治教育导刊，2005（12）：26.

③ 马克思恩格斯全集：第 3 卷［M］. 北京：人民出版社，1998：84.

同体,应以自己的良心,内心的道德准则为自己立法。可以发现这种道德感也"无关乎强制性,只具有内在的约束力",也因此无法具有足够的约束力保证其有效力。一旦作为强制性的法律条款就将成为国家机器的一部分从而离开伦理道德领域。因此,针对"公共的伦理立法如何可能"这一问题,康德把这个任务交给了"上帝"。

尽管"共识性伦理"的确立没有最终得到解决,这一思考路径却给我们很大的启发。当我们研究和建构信息时代的伦理时,不得不考虑这样一个事实:当代或者未来的社会伦理与前信息时代伦理差异在哪里?每个人个体意志更为重要,同时也前所未有地与彼此紧密联系在一起。既然涉及人与人的关系层面,伦理学也应当给予回应。信息文明的背景下,信息作为一种本体论的存在也相应地与认识方式和价值尺度等相关联,这样的逻辑之下,伦理观念也应有发展的眼光,从前信息时代走向信息时代,可以将其归纳为"信息伦理"。

第二节 从技术伦理到社会伦理:信息
伦理研究的整体性视域

信息伦理成为当代不可忽视的伦理学研究方向,首先是因为它与一切信息技术相关,而非仅仅与某一种信息技术相关,但是它也不应是单纯的一种应用伦理学,而应该作为我们这个时代的一种伦理理论,关注引起伦理问题的一些技术状况到整个信息社会情况。对信息伦理的理解应从技术层面扩展到社会层面。以便超越仅从个别的、局部的技术层面理解信息伦理问题,并试图在技术中寻求信息伦理困境的解决途径的思路，而是在观念上建立对信息伦理问题的整体性、全局性理解。

一、信息伦理研究的第一层形态：信息技术伦理

科学技术一向被人类作为获得自由的重要手段。回溯互联网的发展，信息输入、输出的方式差异使得人类的生活发生了翻天覆地的变化。信息技术发展不仅给人类带来了高度的物质文明，也为人类精神文明的发展与传承创造了良好的条件和基础。如结绳记事、口耳相传信息资讯的时代，人们并不能在大范围进行伦理风俗的教化，而书写信息时代的到来解决了这个问题，人们更有秩序地生活，物质与精神两方面都达到了更高的文明层次。如今，电子信息传播方式让人们有了"千里眼""顺风耳"和"无影手"，可言说的范围，可与之交往的人群已经扩展到全世界，再次突破此前建立的交往活动和与之相适应的伦理价值观，甚至伦理道德的内涵也需要改变了。信息伦理学的兴起与发展也同样源于信息技术应用所引起的社会利益冲突以及建立信息社会新伦理秩序的需要。最初，信息技术等同于计算机技术，于是信息伦理以计算机伦理（Computer ethics）为主要内容。随着信息技术的深入发展，又出现了范围更广的网络技术、人工智能技术与大数据技术等新技术形态，"信息伦理"这一概念的外延也随之拓宽。

（一）计算机伦理

对信息技术伦理的研究始于对计算机伦理问题的研究，自罗伯特·维纳（Norbert Wiener）出版《控制论》以来，人们逐渐意识到自动化、控制论等信息技术给人类带来的美好世界，也意识到了信息技术对自身与社会的威胁，因此，公众对信息新技术的认识逐渐提升到了伦理认识层次，包括对人类生活目的的解释、公正与平等的内涵与原则等。计算

机伦理作为信息伦理主导时期的主要观点：第一，从理论关涉的内容上看，计算机伦理学是应用伦理学的一个分支（曼纳，1976），且包括在生产、传递和使用计算机技术时所出现的伦理问题（G. M. 温伯格，1971）；第二，从理论主旨来看，计算机伦理学是研究人与计算机的关系问题，并"拒绝"在信息处理过程中，将人看作机器的一部分。因受到技术发展水平的限制，研究对象较为单一，可以认为"计算机伦理"是信息伦理研究的"前学科时期"。

（二）网络伦理

用词的转换反映了人们对研究对象认识的深化，研究者超越计算机这一器物本身，将视野放置于人类信息活动的整个"过程"。1984 年可以看作信息伦理研究的一个"分水岭"。此时出现的许多有微殊而无迥异的名词，如网络伦理、赛博伦理等都是信息伦理的一个方面。网络伦理是与信息技术相关的范围更为广泛的伦理领域问题，包罗网络（虚拟）和各种通信技术在内的一切，将其称为"网络空间的伦理学"或许更为恰当。对我国而言，我国的信息化进程于在 20 世纪 90 年代迅速推进，互联网效用也在社会逐渐升温，与此同时网络中的垃圾信息、网购假货、木马病毒、流氓软件等也出现在普通人的生活中，网络伦理时至今日仍然非常重要，其主要问题也构成目前信息技术伦理探索的大部分内容。

网络伦理的主要观点：第一，网络伦理是信息伦理学的第二代（R. 西蒙，W. B. 特立尔），"计算机伦理学是第一代信息伦理学，其所研究的范围有限，研究的深度不够，只是对计算机现象的解释，缺乏全面的伦理学理论"①。第二，网络伦理关注"人—机""人—万物"通信与互联，关注信息技术创造的"信息环境""虚拟空间"及其中的具体伦理问题，同时关注人与人、人与技术在其中的关系问题。第三，具体来看，网络伦理是一个综合的、系统的伦理理论，即"网络道德建设需要处理的七对全新矛盾，即电子空间与物理空间、网络道德与已有道德、信息内容的地域性与信息传播方式的非地域性、通信自由与社会责任、个人隐私与社会监督、信息共享与信息所有、网络资源的商业性使用与非商业性使用的矛盾"②。

（三）人工智能伦理

人工智能是 21 世纪的新兴信息技术，也是信息技术中的热点问题，涉及信息控制与代替人类劳动的特殊功能。由于劳动是人的本质属性，人工智能的出现显然涉及对人的本质的重新探求。正如我们所知道的，传播技术的普及改变了人们的文化生活并提升了教学技能，更先进的技术到来"只是一个时间和创造力的问题"③，人工智能的关键技术包含各类信息基础设施，更重要的是在信息论基础上处理数据的能力。正因为如此，人们才认为人工智能技术是信息技术的高级阶段，也意味着在信息时代教育形态基础上的人工智能教育将有更深远的拓展。当代信息哲学创始人弗洛里迪（Luciano Floridi）认为目前可以用弱人工智能（light AI）与强人工智能（strong AI）描述人工智能技术发展的两个阶段和两种"灵魂"：弱人工智能意味着智能化机器在图像识别、语音识

---

① 严丽. 信息伦理析义 [J]. 情报科学, 2006（6）：824.
② 陆俊, 严耕. 国外网络伦理问题研究综述 [J]. 国外社会科学, 1997（2）：15–19.
③ [美] 艾伦·贾纳斯泽乌斯基, 迈克尔·莫伦达. 教育技术：定义与评析 [M]. 程东元, 王小雪, 刘雍潜, 等译. 北京：北京大学出版社, 2010：248.

别等某方面表现出可替代人类的处理能力，其灵魂在于工具性的革新或者工程学的进展；而强人工智能意味着"像人一样独立思考"，核心在于具备认知能力和超越人类思维边界的学习能力。人工智能从弱到强的发展趋势带来的深层次伦理问题是人们将如何理解自己和现实交往的关系，即如何处理人机共存问题、如何面对智能机器的陪伴等问题。

　　人工智能伦理探索的主要问题：第一，信息技术尽管并不富有意识，但对其应用的过程与结果仍然存在不确定的危险。正如维纳的《人有人的用处——控制论与社会》一书中提出，"自动化技术将来'为善'或是'作恶'，都具有无穷大的可能性，尽管技术本身并不具有意识"①。第二，人工智能的学习能力是对人的本质的挑战。正如控制论思想指出的，自动化技术或现在的机器人技术可能造成人脑的停滞。目前看来，谈论技术的"意识"问题已经不是科幻电影才有的情况，"人工智能"（Artificial Intelligence，简称 AI）已经出现了多年，并拥有越来越强的学习能力。第三，对这一形态技术应用的讨论。如目前学术界讨论较多的无人驾驶汽车。2015 年 5 月在美国布鲁金斯学会上，专家讨论了"机器人进行伦理决策"的问题。比如，在危急时刻无人驾驶汽车应当怎样做："如果汽车为了保护自己的乘客而急刹车，但造成后方车辆追尾应如何？或当车辆为了躲避儿童进行急转，但撞到旁边其他人怎么办？研究人员如何能装配一个可以在'两个坏主意之间做决定的'机器人?"② 显然，此类问题层出不穷，比如，派人工智能设备执行军事任务时如何让其在过程中自行思考应遵守哪些伦理原则？人

---

① ［美］N. 维纳. 人有人的用处——控制论与社会［M］. 陈步，译. 北京：北京大学出版社，2010：66.
② 道德建设成人工智能最艰巨挑战［EB/OL］. 科学网，2015-07-07.

类如何与人工智能安全且有效地共存？如何在技术的帮助下实现"善"的追求？这些都是今天和未来的信息伦理研究需要关注的问题。

（四）大数据伦理

大数据伦理的研究内容在相当程度上关涉人的自由、尊严与大数据的关系问题，人的安全与隐私问题，数据所有者的权力与数据提供者被窥视与控制的问题等。美国国家科学基金会（NSF）对大数据的定义是"由科学仪器、感应设备、电子邮件、富媒体软件、网络点击流和移动互联交易等多种数据源生成的大规模、多元化、长期的和复杂的分布式数据集"①。大数据之"大"不仅在于它的大容量，更重要的是这些数据中体现出来的巨大价值。迈克尔·J. 奎因（Michael J. Quinn）曾经提到，一条数据库记录就是人的一次快照。如果人类一切都在网络中留下痕迹，甚至删除的痕迹也被保留下来，那么比起社会科学研究最重要的田野调查，大数据的精确程度、针对性可谓惊人。

大数据技术的伦理首先关涉医学护理领域。在医学中，用于治疗疾病的同时个人隐私暴露无疑。其次，在商业贸易活动中也越来越多地出现数据被贩卖、被利用的问题，从打开网页就见到的推送广告到保险公司、投资公司的促销电话，无一不证明了数据库"比你更了解自己的需要"。最后，在图书馆学、情报科学的领域中，大数据技术引起的情况更为复杂。早在 1988 年，Hauptman R. 的《图书馆职业的伦理挑战》就讨论了"信息审查、隐私、信息获取、藏书版权、公平利用、伦理

---

① HILBERT M，LOPEZ P. The world's technological capacityto store，communicate，and compute information［J］. Science，2011，332（6025）：60-65.

编码、问题顾客等问题"①。

二、信息伦理研究的第二层形态：信息社会伦理

不同类型的信息技术为信息伦理提出了新的要求，但事实上我们不难发现，有关信息技术的伦理问题早已超出了技术的范围，与人的生存与社会发展紧密相关。正如未来学家约翰·奈斯比特谈道："信息时代已不再是一个观念，而成为一种现实，在这个现实的新社会里，战略资源已是信息……价值的增长不是通过劳动，而是通过知识实现的。"②较之从前的农业革命与工业革命，已经来临的信息革命对人类文明的影响，是此前的技术无法比拟的，人类有史以来第一次遭遇了自己创造的"工具"达到自身智能水平，甚至超过自身计算推理能力，似乎将发展成"新物种"。这首先是因为信息技术创造的环境已经成为现代人的"必需品"，这使得信息技术的创造者与使用者——人，进入信息技术架构的场域之中，并在很大程度上成为一种被信息技术摆置的资源性存在。也正因为如此，信息技术对人及其交往活动的影响不是一时一地的，不是某个技术的责任者或者使用者的，而是整体性与全方位地影响到每个人。因此，这场信息革命给人类文明带来影响远不止在技术层面，还可能引起国与国、民族与民族、个人与个人之间的社会结构重组与权力格局重新划分。这样的现实提醒我们，应当超越技术伦理的视域，从技术内部跳出来，在社会变迁的整体性、全方位视角，也即

---

① HAUPTMAN R. Ethical Challenges in Librarianship [M]. Phoenix, AZ: Oryx Press, 1988.

② [美] 约翰·奈斯比特. 高科技·高思维 [M]. 尹萍，译. 北京：新华出版社，2000：42.

"社会伦理"的高度与广度上看待信息伦理，或可更为恰当地归纳其伦理内涵。社会作为一个系统，包括经济、政治、文化三个子系统，那么从社会伦理的层面，也可以认为信息伦理包括社会经济领域的信息伦理、社会政治领域的信息伦理、信息伦理文化的建设等。

（一）经济领域的信息伦理

毋庸置疑，信息之于经济的重要性在不断提高。微观上，如今信息是最重要的无形资产，是发展经济的工具和手段；宏观上，信息也提供了经济运行的大背景、大环境，即经济的信息化发展。由于资本"是一种以物为媒介的人和人之间的社会关系"①，信息作为经济的资本也即"虚拟经济"的模式并非虚幻，同样体现出生产领域人与人的关系，因而信息经济也离不开伦理原则的考量，且信息经济领域的要求是社会伦理最为基础的部分。

作为一种社会伦理，信息伦理关涉经济领域的伦理活动。首先，从社会生产领域来看，由信息技术发展催生的"互联网金融"提供了资源流动的便利性，提升了第三产业在 GDP 中的比重。信息伦理针对这一过程中的欺诈现象、强者对弱者的资源掠夺现象等进行反思，提供法律与制度建设的价值标准。其次，从个人的权利—义务的关系来看，遵守信息伦理原则意味着"遵循通过大家共同认同的互联网道德规范和准则，在共享互联网经济信息资源的道德权力的同时，也承担相应的经济信息道德义务，维系经济信息伦理关系的伦理秩序"②。最后，金融创新活动中的道德风险，信息消费主义中的伦理难题等都是信息伦理在经济领域中的关注重点，它们的解决也有赖于信息伦理提供的道德标准

---

① 马克思. 资本论：第 1 卷 [M]. 北京：人民出版社，2004，878.
② 许敬媛. 经济信息伦理探微 [J]. 江苏社会科学，2012（4）：254.

与价值目标。

（二）政治领域的信息伦理

信息不仅对经济的意义越发重大，而且对政治和权力的意义也越来越大，"政治的信息属性与信息的政治属性成为可以互相说明的现象"①。由此，信息伦理不仅体现在社会经济领域，也同样体现在社会政治领域。

第一，针对"信息虚拟空间"的权力争夺，尤其是国与国之间的信息输入与输出，是国家软实力的表达，也是国际政治格局的体现，从政治伦理的视角来看就是平等问题。第二，信息控制与个人自由问题。"信息即权力"，信息权力即话语权和自我控制权，拥有信息权力将促进个人的意志自由，正因为如此，通过发展信息技术来促进社会成员对知识的利用，无疑是社会进步的保障。当然，这也涉及社会公正问题。第三，信息伦理关涉人民对信息化民主的期待与互联网中乌合之众的矛盾的分析与解决。当信息技术提供给民众更多的参与机会，甚至催生了"社会新阶层"的兴起与壮大，信息伦理问题就不仅限于技术领域，而是成为政治伦理问题、社会伦理问题，从而需要全面地加以理解。

（三）信息伦理文化建设

对于伦理文化或者人类道德地生活、交往所依从的某些"惯习"而言，信息技术的冲击也不可谓不强烈。既有的规则不再适用于某些人，而随着交往范围的扩大，彼此的伦理观念与不同群体的文化模式也需要更多互相接纳与认同。如美国前总统奥巴马说，"全球化、技术以

---

① 肖峰. 信息主义：从社会观到世界观 [M]. 北京：中国社会科学出版社，2010：156.

及社交媒体和源源不断的信息以非常具体的方式扰乱了人们的生活：制造业工厂关闭，突然之间整个城镇不再拥有主要就业来源，人们对自己的国民身份认同或者他们在世界上的地位变得不那么确定"①，这意味着信息对文化的冲击。对于善或恶的评价或交往活动的规范、准则而言，它们不仅需要对信息世界的适应，很可能需要被重新建构。庆幸的是，这种建构也是可能的。根据建构主义的观点，信息技术并非"中性"的，也不是天生"恶"或"善"的，而是各种因素相互作用的"建构"过程，这当然既包括技术使用者，也包括那些并未使用信息技术的人。从这个角度看信息伦理问题，也可以得出这样的结论：信息伦理的形成是在信息经济活动基础上、与信息政治活动相适应的，建立文化共识的过程。

总之，认同了某个预设的前提也就认同了它预设的伦理原则，如果说我们认为信息技术创造了新的社会环境与人的生活空间，我们就需要建构一种新时代的伦理学，而非抱持着传统伦理学批判新的世界，这需要从信息哲学的深度反思，从信息文明的高度来把握社会发展的趋势。也只有将信息伦理看作指导人们在社会生活中实现个体幸福和社会和谐的伦理原则，我们才可能对信息时代的伦理问题及其本质达到科学、系统的认识。

第三节　信息伦理的概念界定

前文论述了信息时代的文明及其社会特征，在信息环境之中生存的

---

① 奥巴马. 全球化和技术变革引燃民粹主义［EB/OL］. FT 中文网，2016-06-16.

文明的人及其行为特征，人的存在状态及其关系等，由此我们发现，社会的进步、发展说到底要归结到人。不论是科学技术的进步、经济的发展、生产关系的变革、上层建筑的建立，都是人为的产物。因此正如布尔迪厄（Bourdieu）所言，社会并非外在于人的同自然界一样的纯客观现象，社会是社会成员及其文化复杂交错构成的有机生命体。要理解信息时代的社会问题，必然将问题导向人本身，即处于信息包围之中的人如何能够获得更好的生活？或者说，什么能使人和整个社会的状况在信息时代变得更好，生活中有哪些是值得追求的呢？首先要明确什么是"好的生活"即"人类善"。笼统地说，对个体而言，一方面是内心的幸福感和满足感，另一方面是达到了某种客观的好的标准，即从德性和目的两方面都要实现某种状态。对社会而言，则是达到有秩序地、相互配合地、井井有条地依照某种规则运行的状态。具体是怎样的善，就是伦理学面对信息时代要思考的内容。

信息伦理对善恶的界定如何，又涉及信息伦理本身的定义及其内涵，即含义，也涉及信息伦理的外延。因为一套特定的概念和规则对于一门学科而言很重要，对于思维同样非常重要。维特根斯坦曾说，语言界限意味着世界的界限。我们只能透过语言去看待世界，通过对语言的分析和理解，达成对世界的认识。因此明确的符号、概念和规则对于讨论具体问题的重要性不言而喻。信息伦理的含义应从词义上首先给予界定，即从"信息"与"伦理"的词义上入手分析。

一、信息的三重含义

信息首先是一种客观存在。信息是从来就有的，不论是草木生长抑或万事万物运动，都产生并传递着无穷无尽的信息，因此自然界中的信息不为人类所左右。但是正如马克思所言，人化自然才是我们实践和认识的对象。信息也同样，与人发生关系的那部分，也即"人造信息""人化信息"或者称之为"属人信息"才是本书要研究的对象。

信息的第一层次含义是"作为技术的信息"，即信息技术。20 世纪40 年代香农（C. E. Shannon）的文章发表，"信息论"（Information Theory）一词第一次被提及，并在此后的 60 多年内被高频率地提起，尤其是即将进入 21 世纪的 20 世纪 90 年代以来，"信息化"浪潮席卷世界，并逐步衍生出具体的信息化形态，如会聚技术、智能化设备、穿戴设备、人机一体化等网络化、数字化、智能化的技术形态，未来还必将出现新的技术形态。究其实质，它们都是"技术信息化"的具体表述。因此，"作为技术的信息"包括了信息作为电子计算机和其他自动化设备的发展，和作为"控制"的手段。可以看出，这里的信息是一种去除了"意义"的"载体"，可以理解为一种技术人工物。

信息的第二层含义是"作为内容的信息"，即用来消除不确定性的，负载着特定意义的事实、数据、资讯等。香农将其定义为"熵的减少"。例如，用于交流的语言和文字都是信息。"信息"作为与物质和能量对应的概念，是不同于它们的第三种资源，且在当代表现得越来越重要。根据波普尔（Karl Popper）三个世界的划分，信息属于"世界3"即客观知识世界中的客观存在。通过媒介传递的信息是人类认识、了解世界并做出正确判断的基础。在过去，由于交通不便和媒介不发达，人类长期处在信息匮乏、信息垄断、信息不对称等状态中，信息的这种稀缺性导致信息与物质资源于人类而言同等重要。如今信息资源疯长，信息不仅易得、丰富、开放，甚至出现了信息冗余、信息爆炸。

信息的第三层含义是"作为一种精神文明的信息"，即信息文明。

信息文明是社会新的精神文明形态，正如麦克卢汉（McLuhan）提出，任何技术都倾向于创造一种新的社会环境，当信息技术产品或知识内容影响了人的认知方式、行为方式等，就可能改变其交往方式从而将人类社会带入新的文明之中。人的道德观、道德素养、行为与目的，都在更高的文明层次上有所体现。此时的信息是在哲学层面上作为一种方法论出现的，是看待世界的新视角。

因此我们即将谈到的"信息伦理"不仅是在社会存在层面即关于信息技术的伦理，也应当是作为一种道德意识和精神文明的伦理思想。据此，我们发现还应当对"伦理"和"道德"加以辨析。

二、伦理与道德的语义区分及内在一致性

在日常话语中伦理与道德两个词常常连用或换用。那么从学术语言上，伦理（ethics）与道德（moral）的区别与联系应如何理解呢？

在中国词源含义来看，"伦"与"理"、"道"与"德"都是两个词，各有其含义。"伦"的本义是"关系"，如五伦就是人的五种重要关系。"理"的本义是"治玉"，引申出规范、条理等。"伦理"合用，指"处理相互关系时候应当遵循的行为准则"①。类似于古代文献中的"道"。而"道"与"德"的区分就可以理解为"伦理"与"道德"的差异。如《道德经》中的"道"是先天地而生的并作为万物动力的一种存在，而"德"是"道"的一种"表现"或者"应用"，例如，人的某些行为规范。因此我国古代文献中在词语的用法上，伦理是一种客观的社会行为规范，而道德更习惯被用于遵从这种规范从而成为一种主

---

① 魏英敏. 新伦理学教程［M］. 北京：北京大学出版社，1993.

观认识如个人意识、个人品行等，正如《四书集注》中"德"的释义为"得道"。从二者在西方词源含义来看伦理源于"ethos"而道德源于拉丁文"mos"，这两者都是指"外在风俗、习惯与内在的品性、品德，说到底，都是指人们应当如何行为的规范"①。对于"伦理"与"道德"这两个术语区分，黑格尔认为伦理是客观规律，道德是个体品格。

从中西方关涉伦理道德的话语中均可发现，伦理指涉普遍性与客观性，而道德更多是针对个人的要求。也因此从词义范围来看，伦理的范围更大，伦理学也被认为是哲学的一个分支，研究人类的"德行"，它与文化、习俗、传统等都有关联，是关于道德行为的追问与反思——"道德哲学"。而道德则是伦理的"下级"概念，一般指作为人的行为规范的那部分伦理内容。从关注重点来看，"道德"一词偏重于个体良善或个体道德，而"伦理"一词则更多偏重社会普遍的道德规范。如信息伦理专家理查德（Richard）认为，"道德是高度个人化的，通常凭直觉起作用，伦理是更加结构化更加有意识的，是一种对道德生活的批判性思索"②。根据孙正聿的定义："道德是调整人和人之间关系的一种特殊的行为规范的总和。"③ 而伦理是指"人类社会所特有的，协调人与人之间关系的行为准则及其确认这些准则的依据和道理，它表征着一种社会关系"。即"伦理表明社会规范的性质，而道德是一种生活本意"④。严格地说二者并不能混为一谈，伦理与道德的关系可以总结为：伦理是对道德现象的抽象与反思；而道德通过规定"应当"来指导和

① 王海明. 伦理学原理［M］. 北京：北京大学出版社，2009：75.
② SEVERSON R J. The Principle of Information Ethics［M］. New York：M. E. Sharpe，1997：7.
③ 孙正聿. 哲学导论［M］. 北京：中国人民大学出版社，2000：32.
④ 孙正聿. 哲学导论［M］. 北京：中国人民大学出版社，2000：33.

维系人与人的伦理关系。

严格来讲，"伦理"是社会对"善"的客观性要求，而"道德"是对个体的主观性要求。"伦理是客观法，是他律的；道德是主观法，是自律的；伦理是对人们行为应当理由的说明，而道德则是对人们行为应当境界的表达。"① 当然，在词语的实际使用过程中这种区分并不显著，伦理可以概括一切思想观念，道德也有客观规范性的内涵。它们具有内在一致性。在一般的伦理学或道德哲学理论中两者几乎不做区分，可以通用。何怀宏指出，"道德与伦理这两个概念无论是在中文里还是在其英文的对应词里面，一般并不做严格的区分，它们都是关乎人们行为品质的善恶正邪，乃至生活方式、生命意义和终极关切"②。

本书旨在揭示马克思主义理论视域之下，信息时代的人及其信息实践活动的原则，引导信息共同体行为的伦理原则及与之相应的道德规范的建设，既有个体层面也有共同体层面；既是德性的要求也是制度和规范的要求。马克思主义的文本中对于伦理/道德问题，一般使用"道德"者较多，因此本书对这对术语不做非此即彼的划分，在涉及社会伦理问题时，行文中主要使用"伦理"一词，涉及个人品德与个人行为，主要使用"道德"一词。

三、信息伦理的概念

根据上文对"信息"与"伦理/道德"的分析可以发现，信息伦理的概念是多层次、多维度的。从以往我国学界对信息伦理定义的探讨来看：关于如何界定信息伦理，我们不仅吸取了国外信息哲学与信息论学

---

① 邹渝. 厘清伦理与道德的关系［J］. 道德与文明，2004（5）：15.
② 何怀宏. 伦理学是什么［M］. 北京：北京大学出版社，2002：9.

者的观点与理论旨趣，且在此基础上总结出信息伦理应有的理论架构。梁俊兰提出："信息伦理应将信息学、计算机科学、哲学、社会学、传播学和传统伦理学等学科相互交叉、融合，在信息技术和信息社会的土壤中产生。"① 吕耀怀认为要形成信息伦理学的基本理论视角，可以吸取效果论、义务论与美德论三种不同视角的长处，根据不同情况适度地运用，以形成一种综合的理论视角。因为信息伦理本身研究要求有一定的全面性与综合性，这当然需要在研究方法上的全面与综合。他在《信息伦理：数字化生存的道德新知》一文中认为："信息数字关系遮蔽的恰恰是深层次的人与人之间的关系，借助于数字化的信息符号，人与人之间形成了现代社会中的新的互动模式，这种模式蕴含着复杂的伦理问题，即信息伦理问题。"在此基础上，有学者明确地给出了信息伦理的定义。沿用较多的，如沙勇忠认为："信息伦理就是信息活动中以善恶为标准，依靠人们的内心信念和特殊社会手段维系的，调整人与人之间以及个人与社会之间信息关系的原则规范、心理意识和行为活动的总和。"② 又如，蔡连玉认为："所谓信息伦理，指的是以'善'为目标，以非强制力为手段调整人们在信息生产、传播、利用和管理等信息活动中的人与人之间的关系的规范和准则。信息伦理包括网络伦理和计算机伦理等，网络伦理和计算机伦理是信息伦理的最为重要的组成部分。"③

　　参考上述学者给予信息伦理的界定，可以进一步分析信息伦理的应有之义。首先应对这一概念的范畴有明确的定位，即信息伦理是什么领

---

① 梁俊兰．信息伦理学：新兴的交叉科学［J］．国外社会科学，2002（1）：46-50.
② 沙勇忠．信息伦理学［M］．北京：国家图书馆出版社，2004：84.
③ 蔡连玉．信息伦理教育研究：一种"理想型"构建的尝试［M］．北京：中国社会科学出版社，2011：56.

域的伦理问题？在信息伦理概念成立之前是何种伦理呢？遵循这一思路具体看来，建立在信息社会基础之上的这种伦理则可以定位为狭义层面的与广义层面的。前者的现实基础是狭义的信息社会，可以称之为赛博空间、网络社会、虚拟社会等。伦理主体是网络中的人，在上网的人。这一层面的信息伦理有很多表述，如"网络伦理"（Internet ethics 或 Net-work ethics）、"赛博伦理"（Cyber ethics）、"数字伦理"（Digital ethics）、"虚拟社会伦理"（virtual social ethic）等，可以发现这是从技术类型来划分的伦理领域，而本书在上一节也归纳了信息伦理的几个技术阶段。而后者，广义的信息伦理的现实基础是广义上的信息社会，主体是现实社会中的人。针对后者，可以将信息伦理表述为信息时代的伦理，也有人将其与后现代联系起来，称作后工业时代的伦理、后现代伦理等。这一层面对应着农业社会、工业社会的概念，因此也有一定的存在价值，因为随着信息技术、信息设备、信息方式渗入人类生活，已经不存在"广义/狭义"两种信息社会的严格区分，而是互相交融的一种"共在""共有"状态，也因此伦理思想涉及的实际范围也应是超越了"网上"与"线下"这个界限，是针对当代人生活方式的。尽管如此，我们也应该谨慎地使用信息社会的概念，信息社会可能是即将到来的下一个社会形态，这已经为学界多位学者所论述，未来学家也多次提及。但是对于大多数国家，包括我国而言，信息社会还没有真正到来。严格地说，这个意义上的信息伦理还应看作对未来社会伦理的一种假设和预期。

据此，我们可以给出信息伦理的定义：信息伦理界定信息活动或行为中的善恶、正义等元伦理问题并为其提供辩护，调整信息时代人与人的信息关系，是以虚拟人际关系为中心的信息社会伦理秩序与道德规范的总和，也是适应技术发展的信息道德意识。也即是说，信息伦理既是"与信息有关的伦理"，又是"人的信息活动中的伦理"；既是对"信息活动"如何"合伦理"的研究，也是对"信息主体"和"伦理主体"如何契合的研究。

第四节 信息秩序与信息德性：信息伦理研究内容的二重结构

从信息伦理概念中我们可以进一步明确其主要内容。第一，信息伦理是社会信息活动中人与人之间的信息关系及反映这种关系的客观的伦理秩序。第二，信息伦理是人在信息实践中对行为规范的遵守，及其自觉展现的伦理观念、道德情感等个人品德。

一、信息秩序：以信息交往关系为中心的社会伦理秩序

伦理产生于人的社会交往活动，作为人际交往规律的理性化表达，其发展的动力也必然来自社会现实。伴随人类生活更加深刻地融合交织，人与他人必然越来越多地发生联系，由此形成社会公共生活。正如恩格斯提出："劳动的发展必然促使社会成员更紧密地互相结合起来，因为劳动的发展使得互相支持和共同协作的场合增多了，并且使每个人都清楚地意识到这种共同协作的好处。"① 一旦有了社会公共生活，就有了"建立秩序"的必要。信息时代，当人与人的信息关系成为社会

---

① 马克思恩格斯文集：第9卷［M］. 北京：人民出版社，2009：553.

生活的基础，公共生活也逐步走向了时代化、信息化，同时也有了"建立信息社会新的道德秩序的需要"①。因此，从整个社会层面来看，信息伦理应包括对人的信息活动规律在事实上的反映，也包括在实践基础上形成应然的信息伦理原则，也即信息活动的伦理秩序。而所谓的秩序应如弗里德利希·冯·哈耶克（Friedrich A. von Hayek）所说"在于人类活动的有效合作，在本质上意味着生活在这个关系结构中的行为者可以有效地运用他们的知识，且能够极有信心地预见到他们能从其他人那里所获得的合作，他们的行动为正确的预期所引导"②。

信息伦理基于人与人的信息关系建构起来。作为信息伦理的基础，信息关系是人类在信息时代的社会交往关系。按照技术划分时代，信息关系是农业关系、工业关系等前信息时代中人际关系的进一步发展。同时，信息关系也是虚拟关系、信息共享关系、信息互动关系等具体关系的统称。随着人类文明的进步，步入信息时代的人类相互之间的关系也得到了扩展，由以简单的方式进行生产活动、交换活动、分配活动等，发展到利用信息技术进行更为复杂的协作，交流的形式也从面对面发展为远程的、间接的、广泛的等。因此，信息关系根据交流双方的在场方式可以分为直接、间接、既是直接又是间接（虚拟在场）等，也因此使得社会共同体的范围得到了更大的扩展。"人与人信息关系的基础是信息化的经济关系，其中也包括生产关系，并衍生出信息化的政治关系、信息化的文化关系等几种关系交织。"③ 信息活动实际上是人的生

① 严丽. 信息伦理析义 [J]. 情报科学，2006（6）：824.
② ［英］弗里德利希·冯·哈耶克. 自由秩序原理（上）[M]. 邓正来，译. 北京：生活·读书·新知三联书店，1997：199.
③ 王诚德. 信息文明与马克思主义人本观的新发展 [D]. 广州：华南理工大学，2016.

产、生活的信息化。作为伦理原则的信息社会秩序应是规范信息化的生产活动、信息化的消费活动、信息化的交往活动等社会活动的方方面面的秩序。

在实际的信息活动中，越来越多的伦理问题凸显出来，如由于信息极易复制而造成的知识资源的共享与知识产权问题；电子信息极易被更改而导致的数据造假、成绩造假、业绩造假问题；大数据背后各种权力的宰制和个人与团体的隐私面临极端危险的问题；信息传播路径的多样性、复杂性给信息的准确性、科学性带来挑战等问题……需要建立合宜的信息伦理，提出科学的伦理原则规制伦理失范行为，让整个社会既有秩序又充满生机与活力，且每个社会成员都有责任为此出力。"维护公共秩序，遵纪守法是全体社会公民都必须遵循的基本行为准则和行为底线，也是一个国家现代化和文明程度的重要标志。"①

值得一提的是，尽管伦理原则具有规范性的作用，但相比于法律只有"弱"强制力，法律与社会明文规定的制度与规范也属于一种"底线伦理"。为充分保障社会的良性运行及伦理的有序性，作为社会治理的最后一道"屏障"的法律制度不容忽视。法律是伦理规范的具体化，也是伦理原则的事实呈现。从这个角度，与信息相关的法律和以信息文明为目标的法律与制度，都应与信息伦理相适应。法律与道德有所区别，从法律的他律性与道德的自律性对比地看，道德是作为信息主体的人在没有任何外部强制力要求的情况下也能凭着良心、信念等，自觉地选择他认为正确的。信息伦理作为"适应信息技术发展的新型道德意识"，这种自我约束性于人类而言是较高的要求。而法律是以明确的要

① 《伦理学》编写组. 伦理学［M］. 北京：高等教育出版社，2012：319.

求和规则告知人们哪些是不被允许的错误的事。对于信息主体行为而言，在形式上是规范的要求，是通过国家强制执行的。而法律是由国家强制力保障实施的，信息法律也是如此。目前我国明文规定的通信、信息相关的法律也在迅速增加。

将道德思维制度化也是现代伦理发展的基本取向。正如万俊人指出："作为现代规范伦理学之优先目标的社会制度伦理研究日趋突出。"① 宋希仁也提道："制度伦理也是对社会性正式组织为主体的规范体系和运行机制的内在联系的道德思考和要求。它既包括对制度主体的伦理规定，也包括对道德规范体系和运行机制的合理安排，既包括对制度本身的合理秩序的探求，也包括对制度运行中的一系列环节的道德评价和道德判断。"② 对国家而言，信息时代如何行使职权保证居民的福利和安居乐业是重大的课题，如个人的信息权利在某种程度上也意味着对国家（管理者）信息权利的限制，那么国家信息安全应做到何种程度，是否存在既保障公民基本的自由权又保证舆论安全界限？如保障安全设置的监控和网络舆情治理制度等。当然，事实上也存在诸多信息高手如"黑客"们挑战国家权威的伦理道德冲突甚至违法犯罪行为不容姑息，这些都有必要从制度和法律层面给予深刻关注。正如西蒙·布莱克本（Simon Blackburn）所言："政治秩序不是万能的，他不能保证人们没有抑郁，没有疾病，没有失望地生活；但是他能保障人们远离暴力，免受歧视，不被随意抓捕，免遭残酷的或侮辱性刑罚、不公平审判即其他厄运。"且"陈述自己的观点或者和平示威时他用法律保护你的

---

① 万俊人. 制度伦理与当代伦理学范式转移 [J]. 浙江学刊, 2002 (4): 12.
② 宋希仁. 社会伦理学 [M]. 太原：山西教育出版社, 2007: 231.

权利"①。也如黑格尔说："无论法的东西和道德的东西都不能自为地实存，而必须以伦理的东西为其承担者和基础，因为法欠缺主观性的环节，而道德则仅仅具有主观的环节，所以法和道德本身都缺乏现实性。"② 而国家作为道德规范的制定者，需要将道德与法律二者结合起来思考，国家也有义务担负起"信息德育"的任务，让信息伦理真正内化为人的道德品质和道德修养。以高尚的理想鼓舞人，以良善的品德引导人，让每一个信息主体都有意识地在信息实践中成为道德的人。

综上所述，由各种伦理原则、道德行为规范并辅之以法律制度的组合构成了以信息交往关系为中心的新型社会伦理秩序。本书认为，社会秩序良好的标准，是符合以下伦理目标：信息关系的和谐、信息分配的公正以及社会成员拥有信息自由。也即人与人信息化的共存、信息公正与公民信息自由三者是信息时代社会治理最重要的也是最根本的伦理原则。这些原则的具体内容将在后文展开论述。

二、信息德性：适应信息技术发展的个人品德

信息伦理的兴起与发展深植于信息技术的快速发展与广泛应用，正是由于信息技术的普及，才引起了诸多信息伦理的困境。一方面，是对于信息技术的不当使用，比如，整日坐在电脑屏幕前或者整日摆弄手机的"低头一族"，视身边的人为空气，好像那些信息产品是有"黏性"的。再者，对于网络内容痴迷，电子游戏，交友网站，一集接着一集中

---

① ［英］西蒙·布莱克本. 我们时代的伦理学［M］. 梁曼莉，译. 南京：译林出版社，2013：10.

② ［德］黑格尔. 法哲学原理［M］. 范扬，张企泰，译. 北京：商务印书馆，1995：162.

间不插播广告的网络剧集，都容易令没有自制力的信息使用者废寝忘食。如果没有电脑、没有智能手机这些都不会发生。现在已经出现了会做家务的机器人，可以说话的人工智能设备，未来极大可能出现更吸引人的信息技术和信息技术产品，人类似乎越来越"颓废"，从而使自己处于更加危险的境地。因此，学界多位学者提出了技术的善/恶问题，认为作为人类活动的一种结果，技术本身并非中立，而是负载价值的。另一方面，技术创立之日起就为了提升人类的福祉，满足人类进步的需要。因此内在是"善"的。然而，此观点也遭到多方批判，比如，卢梭认为"科学与工艺是万恶之源"①。不论技术本身的价值取向如何，"技术是赋予人的意志以物质形式的一切东西"②。因此这一切都应回到信息技术的创造者和最终受益者——人类本身。作为伦理主体，人类拥有道德意识，能够用理性"为自己立法"。因此，信息伦理也应是一种道德意识——信息品德，这是道德行为的深层心理动因，是内化于心的道德，也是伦理的最高层次。

信息道德意识包括与"信息相关的道德观念、道德情感、道德意志、道德信念、道德理想等"③。在信息道德意识当中，伦理主体的责任意识是至关重要的方面，可以说是道德意识的核心问题。马克思说"道德的基础是人类精神的自律"，伦理主体有义务在道德活动中保持一种对自然、对其他主体、对人类本身的责任感。作为人类社会进步的力量源泉，科技竞争日益激烈，各国均在大力推进科技创新，如我国实

① ［美］安德鲁·芬伯格. 技术批判理论［M］. 韩连庆，曹观法，译. 北京：北京大学出版社，2005：53.
② ［德］拉普. 技术哲学导论［M］. 刘武，康荣平，吴明泰，译. 沈阳：辽宁科学技术出版社，1986：29.
③ 严丽. 信息伦理析义［J］. 情报科学，2006（6）：825.

施的创新驱动战略、欧盟制定的地平线 2020 计划以及美国制定的能源新政等。这就更加要求人类考虑创新对社会、环境与伦理造成的负面影响，确保创新无害化，追求创新人性化，使创新成果切实同国家需要、人民要求、市场需求相结合。当然，责任感在形式上是人们内心的自我要求，认为其是人类对道德规范内省的结果难免要求过高，在某种程度上也是对既有伦理的遵守与服从。如康德所言："道德律对于一个最高完善的存在者的意志来说是一条神圣性的法则，但对于每个有限的理性存在者的意志来说则是一条义务的法则，道德强迫的法则。"①

因此，信息德性作为信息伦理的基本内涵，还包括个人对信息行为规范的尊重与遵守。作为指导和评价人们信息行为的价值取向和善恶准则，信息行为规范既包括人类在信息实践活动中根据习惯和文化形成的"应当""不应当"，也包括社会或各种正式或者非正式的社群中以条约、规则、守则等形式概括和言说的有关成员信息行为伦理原则和道德规范，尤其是专门针对网络空间中的行为规范。这种行为规范是事实上执行的，因此必然具有相对于自律而言的他律性、强制性和普遍性。对于信息伦理主体而言，其行为应当符合信息文明的要求，这是"信息世界的文明化"的精神要求。信息世界存在着诸多不文明的现象，而"信息文明作为一种价值形态和文明行为，也需要有一种价值哲学和道德哲学的把握；信息空间拓宽了人的道德交往的领域，人和人之间形成了新的道德关系也改变了道德行为和道德活动的方式，对新的信息行为的'文明化'要求自然提到了重要的位置，即人们在信息空间中的信息行为需要新的价值观和伦理道德规范的指引，所以它从伦理学的维度

---

① ［德］康德. 实践理性批判［M］. 邓晓芒，译. 北京：人民出版社，2003：112.

进入哲学的视野就更具紧迫性和必要性"①。

在此也初步提出信息德性意义上的信息伦理包含的具体原则：诚信原则、尊重原则与责任原则。这些不仅是信息时代的人做出道德选择时应尽的义务，更是依据信息文明来要求自己的一种责任感，是他律与自律的双重要求。能够依照信息伦理的原则进行自我约束和节制，是作为"信息主体"的人自我修养积累并向"道德性主体"进步的结果，因此也是其道德人格完善的标志。

本章小结

伦理意味着如何道德地生活，如何做道德判断，建构人与自身、人与他人、人与社会/外界的道德关系，其中内在地包含着如何更好地利用技术为自身服务。信息时代的伦理，意味着如何在信息社会道德地生活，处理各种信息关系，前提是更好地利用信息技术。信息哲学话语体系日趋成熟，信息研究的趋势催促着信息从技术向社会和人的转向。一方面凸显了信息的研究价值，另一方面应从整个人类社会和人类文明的高度理解信息，理解信息时代的信息伦理。马克思主义技术伦理已经为现时代信息技术引发的问题提供了科学的指导，信息时代的人类生活实践也在不断破除僵化教条思维，从新的实践方式出发，寻求真理之路。但是仅仅这样还不够，马克思主义伦理思想除技术外，也包含关于经济活动的伦理思想、关于社会的伦理思想等。因此，还需要一种将历史

---

① 肖峰. 论作为哲学对象的"信息文明"[J]. 学术界，2016（8）：154.

的、未来的道德关联起来，关于信息伦理的把握。基于此，本书未将视角限定在信息技术本身，而是选取了更宽泛的，与社会、文明、人相关联的角度，也将马克思主义伦理思想放置于新的阐发空间、作用范围和问题域之中。

因此，本章首先阐述了我们这个时代的现实状况。为什么我们的时代、我国当前社会发展趋势需要用信息来定义？当然信息在当今社会中的重要性不言而喻，大量定性和定量的研究也证明了我们正走在通往信息社会的路上。但正如弗兰克·韦伯斯特（Frank Webster）所言："概念是思考的工具，它帮助我们组织观察世界的方式，并建立一个清晰的思路。但在我们思考过程中很重要的一部分是批判地审视我们理解世界的方式。而批评的一部分任务又涵盖了以更加一语中的的术语推陈出新。"因此本书仍然试图谨慎使用诸如信息时代和信息社会等词语。

信息伦理不仅以技术伦理形态出现，随着信息技术与人的关联日趋紧密，应以更宽泛的视野、更高的层面理解信息伦理问题。信息伦理经过了计算机伦理、网络（赛博）伦理、人工智能伦理、大数据伦理等具体的分支伦理领域的研讨和发展，如今得到了整体研究的共识，即在人类生活与交往活动与社会发展的层面研究信息"社会伦理"，包括经济领域的信息伦理、政治领域的信息伦理和信息伦理文化的建构等方面。

本章在总结学界对信息伦理界定的基础上，尝试给出了信息伦理的定义，这一定义将元伦理、规范伦理学与美德伦理学进行综合。而且既关注了技术层面的伦理要求，也关注到了广义的社会层面的伦理要求。信息伦理是符合信息文明新要求的行为规范与信息制度，表现在他律性的信息义务、行为规范、信息活动的制度与信息法律中，而从德性伦理的角度，根据此定义，信息伦理也将在人类遵守他律性规范和自律的道德意识中获得实现。

在信息伦理概念的基础上本章阐述了信息伦理的构成要素及其内蕴的伦理原则：信息伦理是关于信息社会秩序与个人信息品德的伦理。第一，以信息交往关系为中心的信息社会伦理秩序中包括"信息共存"原则，信息公正原则，对人类终极善也即信息自由的需要，可归纳为信息时代的人道主义原则；第二，信息伦理也是适应信息技术发展的个人信息德性，其中需要考虑诚信原则、尊重原则与责任原则的必要性和伦理价值。

第三章

中国化马克思主义伦理思想

共产主义者"从不进行道德说教"也即马克思主义从不空谈道德，而是以历史唯物主义为指导，强调伦理观念和伦理现象的社会历史性和阶级社会中道德的阶级性，研究社会中普遍性、根本性的问题，并从中揭示出伦理发展的规律、伦理的价值目标和核心问题。因为"一切划时代的体系的真正内容都是由于产生这些体系的那个时期的需要而形成起来的。所有这些体系都是以本国过去的整个发展为基础的，是以阶段关系的历史形式及其政治的、道德的、哲学的以及其他的后果为基础的"[①]。马克思主义的伦理思想并非在形而上学的体系之中，而是针对资本主义生产方式和资本主义社会人与人的关系开展的科学的而非单纯道德上的反思，是反复回答人类生产和生活实践中相关伦理道德问题的思想的总和。"马克思主义理论的基本精神，马克思恩格斯的全部理论，都渗透着深刻的伦理思想。从一定角度出发，整个马克思主义就是一种伦理学理论。"[②]

[①] 马克思恩格斯全集：第 3 卷 [M]. 北京：人民出版社，1960：544.
[②] 安启念. 马克思恩格斯伦理思想研究 [M]. 武汉：武汉大学出版社，2010：36.

从广义上说，马克思主义不仅指马克思、恩格斯创立的基本理论、基本观点论和学说体系，也包括继承者对它的发展，以及在实践中不断发展着的马克思主义。同样，根据我国大部分伦理学文献，通常意义上的马克思主义伦理思想包括马克思恩格斯伦理思想、列宁伦理思想及中国化马克思主义伦理思想。本书主要关注中国问题，故而本书中涉及的"中国化马克思主义伦理思想"意指在马克思、恩格斯、列宁伦理思想及其经典著作的基础上，以我国本土实践为基础的中国共产党领导人的伦理理论与思想。

第一节 马克思主义伦理思想中国化研究的学术进程

一、马克思主义伦理思想研究概述

（一）马克思主义存在伦理思想吗

在国外学者的研究中，关于马克思、恩格斯本人有没有系统的伦理思想，传统马克思主义研究中就已经涉及，且形成两种互相矛盾的说法。一种观点认为马克思本人并不存在"伦理学"：第一，马克思和恩格斯并未如亚里士多德、康德、边沁、摩尔甚至黑格尔、费尔巴哈那样建构起完整的伦理学体系或者将伦理问题置于其整个哲学体系的重要位置；第二，在马克思的文本中含有大量直接表达"拒斥道德"的话语，即认为"道德"是一种意识形态，内容虚幻且为阶级利益服务，应当反对所有的"道德"说教，所有的道德争论都是观念和观念在意识形态场域之内进行的一种争论，其背后都是抽象人性理论。而另一种观点认为，马克思主义理论体系中有伦理理论。如史蒂文·卢克斯（Steven Lukes）在《马克思主义与道德》一书对此做的详尽说明，他认为"马克思的著作含有许多或明或暗的道德判断"，包括资本主义生产方式中一方对另一方的非人剥削，也包括对未来世界道德化的憧憬。马克思主义认为道德形成于社会分工的出现和发展，正如恩格斯曾经论述过道德的起源，他们认为一切道德"都是当时的社会经济状况的产物"。在马克思、恩格斯以及后继者中同样存在相当多关于伦理道德问题的论述，故而也有学者用"社会伦理学"等概括马克思主义理论。"在佩弗、尼尔森等人看来，马克思的道德观属于一种道德社会学，马克思对意识形态采取批判的态度也是建立在意识形态'局部性'和'负面价值'的基础上，一旦将道德做'整体性''中立性'的理解，并不是绝对要放弃的。"① 比较上述这两种观点，第一种观点的角度是从科学主义出发，认为马克思对资本主义的批判不是道德意义上的，而是科学意义上的，第二种观点则是人文主义的立场，二者并非存在绝对的矛盾。目前学界基本认同第二种观点，即马克思、恩格斯本人的理论中也包含伦理思想。

在国内，近年来有多部关于马克思主义伦理思想的著作和论文问世。代表性观点如："马克思主义伦理思想一方面批判了资本主义的道德及人与人的道德关系，另一方面对未来新社会中人类的道德关系、伦理价值观进行确立。"（王泽应，2005）还有在从历史动源、道德原则、道德目标三个层面上比较了马克思与康德的伦理思想，提出尽管马克思的伦理思想并未摆脱康德哲学传统，但仍然在继承的基础上实现了理论

---

① 张曦. 马克思、意识形态与现代道德世界 [J]. 马克思主义与现实，2015（4）：83.

的超越。马克思主义伦理思想始终是基于唯物史观，任何道德思想、任何宗教都不能决定物质的变化（辛慧丽，2009）。宋希仁也持同样的观点，"人类一开始并没有纯粹的、独立的、先在的意识或精神"（宋希仁，2012）。王南湜在讨论了马克思主义道德哲学若要存在，其得以可能的条件。提出人的自由问题和选择问题，历史唯物主义问题以及道德规范性原则的问题，得出马克思主义道德哲学是可能的（王南湜，2015）。陈先达也曾谈到唯物史观的"科学性"与"道德性"的统一性的问题。阐释了马克思主义不仅具有科学性，同时作为一种崇高的道德价值体系而存在（陈先达，2006）。"要正确把握马克思主义伦理思想的精神实质就要避免两种错误，一是把马克思经典作家的著作进行标签化处理，二是把马克思主义当成标签或是给马克思主义贴标签，按照自己的需要从文本整体中选取内容，从而忽视思想原有的历史背景和条件。"① （李培超，2009）

此外，有多位学者从本体论视角研究马克思主义伦理思想。如《从道德评价优先到历史评价优先——马克思异化理论发展中的视角转化》（俞吾金，2003）、《历史唯物主义的伦理突破——论马克思伦理思想的特质》（李培超，苏玲，2008）等。还有数篇博士学位论文研究马克思主义伦理思想，如于希勇的《马克思恩格斯伦理思想方法研究》、郑晓绵的《马克思"〈莱茵报〉时期"的伦理思想研究》、刘丽的《西方传统伦理——道德关系的演进逻辑与马克思的变革方式》、李德炎的《人的自由与解放——马克思伦理思想研究》、马淑娟的《马克思主义中国化与中国伦理的历史变迁和理论思考》等。也有针对马克思劳动

---

① 李培超. 解读马克思《1844年经济学哲学手稿》伦理思想的应有视角 [J]. 湖南师范大学社会科学学报，2009（6）：15-20.

伦理思想、经济伦理思想、政治伦理思想做的专门研究。

从技术角度对马克思主义伦理思想进行研究的学者成果颇丰，也有专门以此为主题进行的学位论文。如李三虎认为，尽管马克思并没有在系统的意义上对技术伦理问题做出解释，但他站在阶级立场上对技术进行事实上的描述，并在著作中大量表达了对技术实践的赞同或者批判。有学者从科学技术视角解读马克思《资本论》中的伦理思想（陈爱华，2006），解读《1844年经济学哲学手稿》（韦文荣，2010；刘冠军，2015）以及《德意志意识形态》（徐刚，1988）中的伦理思想等。以上著作分析了马克思主义经典文本并对马克思、恩格斯技术伦理思想及其关注重点、逻辑进路、核心价值等进行了总结，认为技术发展引发的生产方式改变是导致人类存在方式变化的根本原因，而资本主义社会中的阶级关系和工人阶级被压迫、被奴役的状态在很大程度上源于技术将劳动者成功固定在机器上，从而让他们的劳动成为异化劳动。此外，多位学者也尝试将马克思的技术伦理思想与我国现实结合，提出马克思主义科技伦理思想在具体时代的发展运用路径。这些都具有重大的理论意义与现实意义。

（二）马克思主义伦理思想的阐释与发展

广义上的"马克思主义"范畴不仅包括经典马克思主义伦理思想，也包括西方马克思主义者的思想及其对经典的解读和发展。在国外，从技术角度研究马克思主义思想体系的主要是法兰克福学派的几代学者，他们继承了马克思的批判意识，将科技作为其社会批判理论的核心。如霍克海默（Max Horkheimer）、阿多尔诺（Theodor W. Adorno）的《否定辩证法》；马尔库塞（Herbert Marcuse）提出"单向度"理论，批判工具理性对人性的漠视并造成西方社会诸多社会问题。哈贝马斯（Habermas）在前辈技术伦理思想的基础上进一步阐发其社会伦理理论，其著作《哲学与科学之间：作为批判的马克思主义》表达了将"经验的历史哲学"与"实践的政治意图"相融合。芬伯格（Andrew Feenberg）总结马克思对劳动和技术的观点，从马克思对技术的"设计批判"出发，阐述了他的技术发展理论。

　　针对马克思主义社会伦理思想的研究大多见于英美等国的分析马克思主义流派。分析马克思主义学者佩弗（R. G. Peffer）在《马克思主义、道德和社会正义》一书中认为，马克思所具有的清晰的道德观点，是建立在社会共同体，对人的意志自由及其自我实现的需要等三个道德价值观之上。佩弗认为马克思一般不用"道德的"术语修饰自己的评价，因为"共产主义者不向人们提出道德上的要求"。因此，分析马克思主义者们如英国的 G. A. 科亨（Gerald Allan Cohen）、美国的约翰·罗默（John E. Roemer）等认为，虽然马克思并未对完全成熟的道德理论提供哲学基础，但是他的作品展示的道德观也相对持续地贯穿于马克思主义从前期到后期的文本之中。同样，保罗·布莱克里奇（Paul Blackledge）认为，"马克思主义伦理观并未源于抽象或普遍的准则，而是产生于具体的历史、现实生活情境以及人们为建立新社会而推翻资本主义的斗争之中，其主要内容是具有集体自决权的自由及人们之间的团结美德"①。通过阐释无产阶级的革命理论来尝试构建一种马克思主义的革命伦理观。

　　值得注意的是，关于马克思主义的伦理思想的发展大多是在分析马克思主义流派内部，学者们就某个问题互相辩论而产生的，如争论肇始

---

① 韦庭学. 英美马克思主义的伦理学转向 [N]. 中国社会科学报，2020-07-30.

于正义问题并逐步拓宽视野，将"人道""平等""异化"等纳入研讨范围。如凯·尼尔森（Kai Nielsen）的《马克思主义与道德观念》就涉及伦理问题的语境主义，具体还涉及剥削和自由等具体范畴。《马克思主义与伦理学：自由、欲望与革命》一书的中心问题围绕马克思主义的科学性与哲学性（包括伦理思想）的统合而展开，保罗·布莱克里奇认为，这两种因素既有内在的张力也存在着一致性的可能。应当从总体性观点出发将这两个维度统一起来。这种思路"超越了在马克思主义内部已经成为老生常谈的关于道德虚无主义和道德普遍主义的争论，并把争论带到了一个更加实质和有希望的新层面"①。

尼尔森的《马克思主义与道德观念》《伦理批判与道德乌托邦》等译作的出版开阔了我国学者研究马克思伦理思想的视野。"当代英美马克思主义研究译丛"问世，著名英美马克思主义者的论著先后被引介到我国。许多学者也针对分析学派的马克思主义伦理思想进行了研究，如李达理的《分析学派马克思主义的新发展与社会主义的未来》、吕梁山的《马克思主义与道德相对主义——佩弗对马克思主义道德观的辩护》、陈真的《佩弗的马克思主义"道德社会论"批判》、林进平的《马克思的"正义"解读》等。谢俊也在《马克思道德观之重构》中对佩弗的马克思主义道德观进行解读。余京华在解读尼尔森对马克思主义的研究作品时指出，从唯物史观角度，西方学术界存在着将唯物史观的"科学维度"与"伦理维度"割裂开来的一种研究取向。除了从本体论视角研究马克思主义伦理思想的核心、精神实质与成立的条件等。不论是从某一个侧面进行管窥见豹式的研究，或者从整体上尝试构建一

---

① 韦庭学. 拯救伦理又保卫历史唯物主义——从布莱克里奇的"马克思主义伦理观"谈起［J］. 马克思主义与现实，2015（3）：148.

种体系，这些研究都为我们提供了重要的参考，具有很高的理论意义和实践意义。

总体看来，学界在研究马克思主义伦理思想时始终坚持唯物主义历史观，已有研究成果注重对唯物史观范畴内的道德命题或伦理概念给予分析、认识和解释。但整理发现，将马克思主义的技术伦理、社会伦理理论的研究成果与信息时代和我国在信息时代的社会现实结合起来，进行关联性思考的成果还较少。

二、中国化马克思主义伦理思想研究概述

目前我国出版了数部以中国问题为起点研究马克思主义伦理思想的专著。这些都从我国实际出发，对马克思主义伦理思想及其中国化内容进行了系统研究。如罗国杰的《马克思主义伦理学》，唐凯麟、王泽应的《20世纪中国伦理思潮》，宋惠昌的《马克思恩格斯伦理学》，章海山的《马克思主义伦理思想发展的历程》等，内容涵盖中国化马克思主义伦理思想的理论依据、历史进程、主要内容等。近期也出版了安启念的《马克思恩格斯伦理思想研究》和宋希仁的《马克思恩格斯道德哲学研究》等。归纳这些书籍的观点：一是中国化马克思主义伦理思想是马克思主义伦理思想的原理与我国革命、建设和改革的具体道德生活实践相结合，并上升为体系性、系统性理论的观点集合。二是中国化马克思主义伦理思想同样反对一成不变的道德律令和空泛说辞，认为作为精神批判的道德不能等同于对物质层面的问题进行了批判。三是从马克思主义中国化历史进程角度，可将中国化马克思主义伦理思想的形成与发展划分为新民主主义革命时期的马克思主义伦理思想、毛泽东伦理思想与中国特色社会主义伦理思想三个发展阶段。

（一）新民主主义革命时期的马克思主义伦理思想

《20 世纪中国伦理思潮》① 一书中，王泽应与唐凯麟指出，五四运动开始的马克思主义中国化进程伴随着伦理观念的进化。如李大钊的伦理思想是从对纲常名教和空门伦理的批判出发而逐渐形成的。李大钊深入探讨了道德的起源和本质，批判了道德起源和本质上的种种唯心论，开辟了用马克思主义的唯物史观来分析和研究道德问题的新领域，并科学阐释了革命人生观、共产主义观。另有陈独秀等对马克思主义伦理思想中国化做出了理论贡献。总的来说，这一时期中国马克思主义伦理思潮的开创者们的思想受到多方面影响，如未摆脱历史的局限并将伦理观作为"社会本能"等，实质上受到了达尔文主义的限制。

（二）毛泽东伦理思想

一些学者对毛泽东的伦理思想进行了较为系统的论述，如《毛泽东伦理思想简论》（刘广东，1987）、《毛泽东伦理思想新论》（魏英敏，1993）、《毛泽东早期伦理思想研究》（王彩玲，2006）等书籍，亦有多篇学术论文对毛泽东伦理思想进行专门的研究，如《毛泽东道德哲学及其现实意义》（魏俊章，1994）、《毛泽东早期利益伦理思想研究》（唐代兴，2002）、《毛泽东早期伦理思想与他晚年思想和实践》（邵鹏，黄皖毅，2002）等。近年来，也有针对毛泽东伦理思想相关内容进行研究的学位论文，如《毛泽东社会伦理思想研究》（李志松，2012）②、《从道德理想主义到政治现实主义——新民学会：马克思主义中国化早

---

① 唐凯麟，王泽应. 20 世纪中国伦理思潮［M］. 北京：高等教育出版社，2003.
② 李志松. 毛泽东社会伦理思想研究［D］. 西安：西北大学，2012.

期进程中的个案研究》① （杨晓伟，2012）、《毛泽东的党员党性观》②（谭国清，2015）等。这些研究成果从毛泽东伦理思想的核心、实质、原则等方面进行阐释，对中华人民共和国成立前后毛泽东论述的经济与道德的关系问题、道德的阶级性与继承性问题、为人民服务问题或革命功利主义问题、共产主义与社会主义道德原则问题都进行了全面分析和解读，在研究方法上遵循了历史唯物主义并注重阶级分析。

（三）中国特色社会主义伦理思想

邓小平的许多重要著作和重要讲话都涉及伦理道德问题。关于人民利益本位、爱国主义与集体主义、培育"四有"新人、经济与社会发展等伦理思想构成了邓小平的伦理思想体系。目前学界关于邓小平伦理思想的研究主要涉及经济伦理、社会主义道德建设与青年培养等方面。如从总体上研究的《新功利论和新公正论的混合伦理学——邓小平经济伦理思想研究》③（孙路远，1999）、《邓小平经济伦理思想研究——兼论道德建设与社会主义市场经济》④（王小锡，郭建新，2001）。从具体问题入手的研究，如实事求是问题，学者廖小平认为实事求是是邓小平伦理思想的哲学理论基础，"善"与"真"的有机统一是实事求是的内涵⑤（廖小平，2011）。又如"三个有利于"的标准问题，《邓小平

---

① 杨晓伟. 从道德理想主义到政治现实主义——新民学会：马克思主义中国化早期进程中的个案研究 [D]. 上海：上海社会科学院，2012.

② 谭国清. 毛泽东的党员党性观 [D]. 北京：中国社会科学院研究生院，2015.

③ 孙路远. 新功利论和新公正论的混合伦理学——邓小平经济伦理思想研究 [J]. 理论与改革，1999（5）：34-36.

④ 王小锡，郭建新. 邓小平经济伦理思想研究——兼论道德建设与社会主义市场经济 [M]. 南京：南京师范大学出版社，2001.

⑤ 廖小平. 邓小平伦理思想若干问题略论 [J]. 伦理学研究，2011（3）：15-21.

对马克思主义道德观的发展》一文①（孙洪敏，2000）从道德基础、道德标准与道德实践三个层次强调了伦理问题及其实践意义，创造性地解释了"三个有利于"标准与提高人民素质提高的重要性。从对邓小平伦理思想的评价，《邓小平伦理思想的独特地位——纪念邓小平诞辰100周年》（王泽应，2004）一文谈道："以改革开放的道德价值视野、'三个有利于'的道德价值取向和在'三个面向'中培养四有新人的理想关怀，贡献给了20世纪马克思主义伦理思想宝库许多新的内容。"②

《江泽民论社会主义精神文明建设》③《论"三个代表"》④《公民道德建设实施纲要》⑤ 等文献都涉及江泽民伦理理论与道德实践相关问题。关于技术伦理，《科技伦理：21世纪人类面临的重大问题》（孙向军，2001）一文认为，理解江泽民同志科技伦理思想的关键在于理解他的"人与技术使用中的利弊关系"问题。在经济伦理层面，江泽民提出了效率与公平并重的理念，以及建立国际经济新秩序的价值取向等。《江泽民经济伦理思想初探》（任丑，2004）一文概述了江泽民经济伦理思想，将公正作为其基本价值取向，将自强作为其根本动力，将实现利益作为最终目的。进一步加强了对人及其价值的认知。《江泽民伦理思想研究》（王泽应，2003）一文总结了江泽民伦理思想："包括弘扬爱国主义、集体主义、社会主义的时代主旋律，构建与社会主义市场经

---

① 孙洪敏．邓小平对马克思主义道德观的发展［J］．江西社会科学，2000（1）：67-70．
② 王泽应．邓小平伦理思想的独特地位——纪念邓小平诞辰100周年［J］．伦理学研究，2004（4）：5．
③ 中共中央政策研究室．江泽民论社会主义精神文明建设［M］．北京：中央文献出版社，1999．
④ 江泽民．论"三个代表"［M］．北京：中央文献出版社，2001．
⑤ 公民道德建设实施纲要［A/OL］．中发〔2001〕15号文件，2001-09-20．

济相适应的社会主义道德体系，面向世界和未来，推动伦理道德观念的现代化等方面。"①

进入 21 世纪，马克思主义伦理思想的中国化历程继续向前推进。针对胡锦涛伦理思想，文献主要涉及对"以人为本"思想、"八荣八耻"思想、政治伦理理念、发展伦理理念与国际关系伦理观等伦理思想的分析与解读。《胡锦涛同志以人为本的道德教育观初探》（寇荷超，2007）一文论述了胡锦涛以人为本的思想，分析了"诚心诚意为青少年和大学生健康成长服务作为思想道德建设的出发点和落脚点"的内涵与意义。《胡锦涛群众观的伦理意蕴研究》（滕振国，2009）一文就胡锦涛群众观产生的背景和主客观条件、政治伦理特征、内容及其政治伦理意蕴、理论贡献、当代价值及其实践运用等几方面进行比较全面系统的研究。针对新时代新形势，科学发展观的提出为和谐社会理念的构建提供了支持，《科学发展观与和谐社会》② 与《科学发展观与和谐社会建设》③ 等书籍的出版较为全面地论述了二者的逻辑关联。

党的十八大以来，习近平同志发表了一系列重要讲话，这些讲话蕴含着丰富的思想道德教育资源。在全面深化改革，实现民族复兴的现阶段，习近平伦理思想回应了生活世界的变化，社会生产方式的变化与人的伦理关系的变化，并对社会伦理问题给予了道德引导，逐步确立了关于道德建设与社会主义核心价值观培育的伦理思想。党的十八大、党的十九大等党中央重要会议，2014 年 5 月与北京大学师生的座谈和其个人著作《之江新语》《摆脱贫困》中，习近平都阐述了他的伦理思想。

---

① 王泽应. 江泽民伦理思想研究 [J]. 吉首大学学报（社会科学版），2003（1）：1.
② 姜小川. 科学发展观与和谐社会 [M]. 北京：中国法制出版社，2009.
③ 李景源，吴元梁. 科学发展观与和谐社会建设 [M]. 南京：江苏人民出版社，2008.

而三卷《习近平谈治国理政》的问世展示了中共新一届中央集体的治国理念和执政方略。除上述论著,从不同研究领域对习近平伦理道德建设重要论述进行研究的文献也日益增多。如法制建设、生态文明建设、外交方略、党的建设等。《略论习近平的道德建设思想》(吴灿新,2015)总结了习近平的党员干部道德建设问题,道德建设与廉政文化建设、与我国优秀传统道德以及与文化建设的相关性等伦理思想。①《十八大以来习近平的青少年思想道德教育思想探析》(杨业华,符俊,2015)一文论述了习近平伦理思想中的青少年社会责任感的培育问题。《中国特色社会主义伦理思想的开拓创新》(王泽应,2013)一文指出:"社会主义核心价值观作为马克思主义伦理思想中国化的最新成果,不但创造性地回答了什么是社会主义伦理文化、怎样建设社会主义伦理文化、建设什么样的政党伦理、怎样建设党的执政伦理的问题,而且创造性地回答了建设什么样的发展伦理、怎样建设发展伦理的问题。"②

总体上看,中国化马克思主义伦理思想一方面结合我国具体实际,用马克思主义所蕴含的伦理精神来促进和更新中国的传统伦理价值;另一方面,在这种促进、更新的过程中,剔除那些落后的、"不道德"因素,批判地传承积极的、"道德"的部分。也即"从理论和实践的双重角度出发,紧密联系社会生活的实际,改造落后的伦理价值观念,重建新的伦理价值体系"③。《论中国马克思主义伦理思想的本质特征》④ 一

---

① 吴灿新. 略论习近平的道德建设思想 [J]. 探求, 2015 (6): 22-28.
② 王泽应. 中国特色社会主义伦理思想的开拓创新 [J]. 伦理学研究, 2013 (1): 9-15.
③ 戴兆国. 论马克思主义中国化的伦理价值维度 [J]. 哲学动态, 2007 (5): 19.
④ 王泽应. 论中国马克思主义伦理思想的本质特征 [J]. 当代世界与社会主义, 2009 (4): 86-90.

文更从道德原则和价值目标、价值评价标准和道德价值观念、对待伦理文化遗产的方式、中国伦理文化出路和中国伦理文化向何处去等问题上对马克思主义伦理思想的中国化本质进行了清晰的阐释,从本质层面对马克思主义伦理思想进行了阐释与解读。综合以上资料可以看到学界就马克思主义伦理思想中国化问题的重大理论成果和具体的伦理道德问题都有涉及,但对于马克思主义伦理思想在新时代的发展趋势、发展方向,尤其是在信息化、全球化浪潮冲击之下相关伦理观念变化的研究还不够充分。

第二节　马克思主义伦理思想中国化的历史进程

有学者对我国近年来对马克思、恩格斯伦理思想的研究情况进行综述,认为"不论支持认可马恩伦理思想的,还是批判否定马恩伦理思想的,都没有完全摒弃那些对于马克思恩格斯思想的教条主义,真正地对马恩伦理思想进行实事求是的评价"①。对于马克思、恩格斯的后继者,包括中国化的马克思主义伦理思想相关问题的研究也是如此。因此我们首先应基于马克思主义的相关文本,实事求是地研读。

一、马克思主义伦理思想的形成与发展

马克思、恩格斯并未建立完整的道德哲学体系,道德也并非他们理论的中心问题,这是得到学界公认的,但学界同时认可马克思、恩格斯

---

① 李志强. 国内马克思恩格斯伦理思想研究的现状及展望（1978—2013）[J]. 伦理学研究, 2014（3）: 24.

有大量对社会现实的道德判断和涉及善恶的评价：在《1844 年经济学哲学手稿》《德意志意识形态》《共产党宣言》《路易·波拿巴的雾月十八日》《资本论》《哥达纲领批判》《反杜林论》《家庭、私有制和国家的起源》和《路德维希·费尔巴哈和德国古典哲学的终结》等著作中都包含着他们丰富的伦理思想。按照马克思、恩格斯思想发展的脉络来追寻伟人的思想轨迹，或可领会这些观点中的伦理道德意蕴。

（一）马克思、恩格斯早期伦理思想：对人道主义的扬弃

马克思生于德国特利尔城中一个笃信新教的中产阶级家庭，从小生活在天主教地区的经历使得他并没有"把社会看作一个整体"，而是"更多倾向于用批判的眼光来观察社会"①；受到秉持自由主义观念的父亲的影响，马克思从少年时期就表现出了鲜明的个性。根据保存下来的最早的手写材料，马克思为德国学校毕业考试而写的宗教作文的题目是《根据约翰福音第 15 章第 1 至 14 节论信徒和基督的一致，这种一致的原因和实质，它的绝对必要及其影响》。文中，马克思由阐述历史开始，认为"从古代以来，人的本性一直是在把自己提升到一个更高的道德水平"，体现出他对人及其本性的关切。此时的马克思受到启蒙主义理性和康德伦理学的影响，但"并没有任何超验的上帝的痕迹：上帝、自然和创造这些词语是可以互换的，历史过程是内在的"②。也正是怀有对人的本性与道德的追求和理想，马克思中学毕业论文以《青年在选择职业时的考虑》为题，他写道："选择一种建立在我们深信其

---

① ［英］戴维·麦克莱伦. 马克思传［M］. 王珍，译. 北京：中国人民大学出版社，2005：3.
② ［英］戴维·麦克莱伦. 马克思传［M］. 王珍，译. 北京：中国人民大学出版社，2005：8.

正确的思想上的职业；选择一种能给我们提供广阔场所来为人类进行活动、接近共同目标（对于这个目标来说，一切职业只不过是手段）即完美境地的职业。"① 据此，许多学者也从中探寻到马克思的思想中蕴含的人道主义人生理想。

在柏林读大学期间，马克思阅读了黑格尔、费希特、谢林（Schelling）的思想并经历了从法律向哲学、从脱离尘世的浪漫主义向黑格尔主义的转型。这一转型使得马克思的思想"完全到了对立一方"，对他而言非常痛苦，但他终于不得不到黑格尔的哲学中寻找苦思的答案。此外，他参加了青年黑格尔学派，与同道者展开对当年的"正统思想"的批判，直到被邀请参与筹办《莱茵报》，为其撰稿并成为《莱茵报》的主编。这段人生经历，可以看作青年时期的马克思从学校走向社会的第一步。在莱茵报社工作期间，一方面，马克思的思维方式仍然囿于青年黑格尔派的逻辑；另一方面，在社会现实中，通过批判专制主义并接触到大量现实的利益问题，马克思对许多关涉人的关系与伦理道德的问题都进行了深入的思考，他发现启蒙思想家所言的自由、理性等都仅仅是形式上的，但"不能仅仅将人类精神作为道德的基础和来源，相反的，道德与利益有着不可分割的联系，'人们奋斗所争取的一切，都同他们的利益有关'"②。加之在工作中涉及新闻出版自由和《林木盗窃法》等现实问题，他意识到普鲁士政府新书检查令是对道德自由本性的背弃，而思想自由、出版自由既是人的本质体现，也是道德的要求。通过对现实问题的关注，马克思逐渐摒弃了在思想上对各种纯理论形式

---

① ［英］戴维·麦克莱伦. 马克思传［M］. 王珍，译. 北京：中国人民大学出版社，2005：10.

② 郑晓绵. 马克思"《莱茵报》时期"的伦理思想研究［J］. 伦理学研究，2015（3）：18.

的共产主义的争论，转向关注直接的、实际的社会伦理问题。

（二）马克思、恩格斯伦理思想的形成：道德的现实存在

在《黑格尔法哲学批判》一书中，马克思对国家、市民社会和家庭的问题进行了伦理阐释，认为生产方式，以及人与人的经济关系决定了国家制度和法律的形式。"每种生产形式都产生出它所特有的法的关系、统治形式等等。"① 马克思、恩格斯认为，19世纪欧洲的市民社会运行状况和人们的生活、工作方式都并不符合善的伦理要求。通过分析现代科技发展与工业化大生产及这种现代生产方式引发的人与技术、人与人、人与社会之间的矛盾冲突，马克思、恩格斯阐释了工业化大生产的逻辑与人本质的异化以及阶级关系的不公正、不平等问题，对资本主义生产方式和资本主义社会制度进行了伦理批判，认为资本主义社会不存在真正的道德。"一切以往的道德论归根到底都是当时的社会经济状况的产物。而社会直到现在还是在阶级对立中运动的，所以道德始终是阶级的道德；它或者为统治阶级的统治和利益辩护，或者当被压迫阶级变得足够强大时，代表被压迫者对这个统治的反抗和他们的未来利益。没有人怀疑，在这里，在道德方面也和人类认识的所有其他部门一样，总的说是有过进步的。但是我们还没有越出阶级的道德。只有在不仅消灭了阶级对立，而且在实际生活中也忘却了这种对立的社会发展阶段上，超越阶级对立和超越对这种对立的回忆的、真正人的道德才成为可能。"②

在《1844年经济学哲学手稿》中，马克思把人的类本质预设为"自由自觉的劳动"，并阐述了工业技术与人的本质的关系："工业的历

① 马克思恩格斯文集：第8卷［M］.北京：人民出版社，2009：72.
② 马克思恩格斯选集：第3卷［M］.北京：人民出版社，1995：435.

史和工业的已经产生的对象性的存在，是一本打开了的关于人的本质力量的书。"① 将"人—技术"作为对象进行思考，也即技术体现了人的本质力量，并阐述道："在人类历史中即在人类社会的产生过程中形成的自然界是人的现实的自然界；因此，通过工业——尽管以异化的形势——形成的自然界，是真正的、人类学的自然界。"② 马克思、恩格斯将技术作为人与自然的中介系统，分析了人的生存状态的改变和人与人关系改变的根源，强调说："生产对富人所具有的意义，明显地显示在生产对穷人具有的意义中。"资本（家）利用技术将工人固定在流水线上，劳动对于雇佣工人而言是不断地损耗，对资本家而言却意味着资本的不断增值。这里马克思秉持人道主义精神对阶级关系进行了深入思考，并在现实中找到了造成工人同自己的劳动产品、劳动活动相异化，人同自己的类本质相异化，最终人同人关系异化的物质根源，即资本主义的工业化大生产。在工业化大生产中，工人反复不断地完成苦役，机器劳动极度地损害了他们的神经系统，而他们却只被当作活的附属物并入死的劳动资料之中。卓别林的经典无声电影《摩登时代》用艺术的手法表现了这种苦刑：在工厂长年累月劳动的流水线工人重复着"拧螺丝"的动作，身体适应了这种机械运动，已经无法正常进行其他活动，以至于在走路、吃饭等活动中，也不断地颤抖着双手。而马克思、恩格斯运用理性的思考，进一步揭露了"人—技术"关系的异化和这种异化出现的根源：资本（家）利用技术对工人进行奴役和剥削。"劳动者在经济上受劳动资料即生活源泉的垄断者的支配，是一切形式的奴

---

① 马克思恩格斯全集：第 42 卷 [M]. 北京：人民出版社，1979：127.
② 马克思恩格斯全集：第 42 卷 [M]. 北京：人民出版社，1979：128.

役的基础，是一切社会贫困、精神沉沦和政治依附的基础。"① 在《英国工人阶级的状态》一文中，恩格斯提道："劳动的重压像巨石一样落在疲惫不堪的工人身上。"② 而"资产阶级，不管他们口头上怎么样说，实际上只有一个目的，那就是当他们能够把你们的劳动的产品卖出去的时候，就靠你们的劳动发财，而一旦他们无法靠这种间接的人肉买卖赚钱了，就任凭你们饿死也不管。他们做了些什么来证实他们自称的对你们的好意？"③ 技术和机器作为工具使工人阶级的劳动成为异己的存在，也使得工人成为机器逻辑的一部分，可以被任意驱使或者被替代，陷入自身存在的危机。而掌握着权力控制着资本的是资本家阶级，不论是如何应付工会运动，或者在劳动时间和工作环境上做出让步，这种对立在资本主义社会中是不会改变的。"他们不愿承认工人是贫困的，因为正是他们，有产的工业阶级，对这种贫困应付道义上的责任。"④

　　从"人—机器"伦理关系深入"人—人"伦理关系，从对技术的批判到对社会制度的批判，马克思、恩格斯认为资本主义社会制度下，并不存在真正的、永恒的道德，所有的道德辞令只能是资产阶级意识形态的表达而非康德的"绝对理念""绝对命令"。因此，在《哥达纲领》中出现了"消除一切社会的和政治的不平等"这一指涉模糊的词句时，马克思就提出，从观念上"消除一切社会的和政治的不平等"并不能真正改变社会公正问题，只有通过消除这种不平等产生的物质根源即阶级权利的差异，才能实现"社会的和政治的平等"。在《哥达纲

---

① 马克思恩格斯文集：第3卷［M］. 北京：人民出版社，2009：226.
② 马克思. 资本论：第1卷［M］. 北京：人民出版社，2004：486.
③ 马克思恩格斯选集：第1卷［M］. 北京：人民出版社，2012：81.
④ 马克思恩格斯选集：第1卷［M］. 北京：人民出版社，2012：103.

领批判》中，马克思将原句改为"随着阶级差别的消灭，一切由这些差别产生的社会的和政治的不平等也自行消失"①。真正的道德，"只有在不仅消灭了阶级对立，而且在实际生活中也忘却了这种对立的社会发展阶段上，超越对立和超越对这种对立的回忆的、真正人的道德才成为可能"②。这也是马克思在他的思想中弃绝了道德诉求、拒斥从道德原则出发推导社会主义的原因。

（三）马克思主义伦理思想的成熟：共产主义社会及其道德理想

从《德意志意识形态》开始，历史唯物主义得到确立，马克思、恩格斯开始"在历史中理解人的生存"，阐明了一切理论和实践的出发点应当是"从事实际活动的人"，明确了"有生命的个人的存在"是全部社会存在和社会历史的第一个前提。"而且从他们的现实生活过程中我们还可以揭示出这一生活过程在意识形态上的反射和回声的发展。"③马克思、恩格斯写道："不是意识决定生活，而是生活决定意识。"④但是这种以物质基础为前提的观念，包括伦理要求和善恶的评价标准，都并非一成不变的，而是随着生产力发展，今天更表现为技术的发展而随之变化的产物。从古希腊时期的"公民"只包括城邦内的成年男子而不能包括奴隶、女性、孩子等，到资本主义社会"人生而平等"；从封建帝制时代"三纲五常"的礼俗约定到今天青年群体、女性群体的独立自主……人的伦理观与行为规范的发展，甚至革命，有赖于社会生产方式的改变从而人类自身生活方式的变化，绝非是通过祈祷在"想象"

---

① 马克思恩格斯文集：第3卷［M］. 北京：人民出版社，2009：442.
② 中共中央党校教务部. 马列著作选编［M］. 北京：中共中央党校出版社，2002：248.
③ 马克思恩格斯选集：第1卷［M］. 北京：人民出版社，2012：152.
④ 马克思恩格斯选集：第1卷［M］. 北京：人民出版社，2012：152.

中获得，而必须在实践中"现实"地构造。因此，马克思、恩格斯从现实的人出发，超越了以往宗教神学领域以抽象的人为前提在意识层面探讨道德问题的路径，以现实的人为出发点和目的，意识到了道德的阶级性和社会历史性。

作为"包含着新世界观的天才萌芽的第一个文件"，《关于费尔巴哈的提纲》的第十条提出："旧唯物主义的立脚点是市民社会，新唯物主义的立脚点是人类社会或社会的人类。"① 马克思、恩格斯将目光放在全人类的解放，追求社会正义，即生产资料和产品的分配公正与合理，也追求一个不存在分配问题的理想社会，这种社会将随着生产力的进步而趋于实现。因为"生产方式，生产力在其中发展的那些关系，并不是永恒的规律，而是同人们及其生产力的一定发展相适应的东西"②。根据历史发展规律，马克思在《哲学的贫困》一文中认为："资产阶级得势以后，也就谈不到封建主义的好的方面和坏的方面了。资产阶级把它在封建主义统治下发展起来的生产力掌握起来。一切旧的经济形势、一切与之相适应的市民关系以及作为旧日市民社会的正式表现的政治制度都被粉碎了。"③ 那么，未来"代替那存在着阶级和阶级对立的资产阶级旧社会的，将是这样一个联合体，在那里，每个人的自由发展是一切人的自由发展的条件"④。正如马克思、恩格斯把共产主义之前的历史称作"人类的史前史"，共产主义社会才是"人的历史的开始"，只有一切人的自由发展实现，道德才真正获得自己的本质，而人也真正实现其"类本质"。

---

① 马克思恩格斯选集：第1卷［M］. 北京：人民出版社，2012：137.
② 马克思恩格斯选集：第1卷［M］. 北京：人民出版社，2012：233.
③ 马克思恩格斯选集：第1卷［M］. 北京：人民出版社，2012：233
④ 马克思恩格斯选集：第1卷［M］. 北京：人民出版社，2012：422.

在马克思看来，道德理想是一种社会历史现象，即作为一种意识形态在特定社会条件下的产物和反映。因此，马克思主义伦理思想将旧社会看作不道德并主张用真正道德的共产主义社会代替旧社会："必须推翻那些使人成为被侮辱、被奴役、被遗弃和被蔑视的东西的一切关系。"① 从人的自由、人的需要出发，使社会成为"消灭了阶级对立，而且在实际生活中也忘却了这种对立"的真正道德的社会，超越人的异化、超越人际关系的不平等，服务于每个"个人"的需要，每个人都获得自由。这就是马克思、恩格斯设想的共产主义社会——自由人联合体。在《共产党宣言》中，他们也阐述了这一理想社会的道德原则——个人的解放和全面发展。本书赞同李培超的观点："马克思唯物史观的确立在伦理思想上的最大贡献在于把个人的全面发展确定为最高的价值目标，并努力寻求实现的途径和方法，也就是说，马克思早期对物质利益的关注、对市民社会的解剖、对资产阶级政治革命的分析、对人类解放的设想、对异化劳动在工人身上所造成的恶果的揭露以及对费尔巴哈人本主义和施蒂纳利己主义的批判等等都汇聚到一点上——个人的全面发展。"②

以上，通过追寻马克思、恩格斯思想的轨迹，可以看到一条清晰的主线，从现实的人的社会生活中确认道德的存在，并意识到人是实践的人，人的本质在其自由自觉的劳动中体现，然而工业化大生产的技术发展将人异化为机器的一个零件，异化为资本主义经济发展的一个环节，人与人的关系也因此没有摆脱此前一切社会制度下剥削与被剥削的形态，且这种阶级矛盾日益加深。在批判技术的负效应、批判资本主义生

① 马克思恩格斯选集：第1卷 [M]．北京：人民出版社，2012：10．
② 李培超．论马克思伦理思想的逻辑思路 [J]．当代世界与社会主义，2007（4）：47．

产方式和社会制度的同时，马克思、恩格斯也看到了生产力本身存在进步的因素，问题在技术发展、社会进步的过程中出现，也将随着发展的继续而获得解决。共产主义的道德理想也是人的类本质的实现，即每个人在自由自觉的劳动中获得自身真正的解放，实现真正自由而全面的发展。

二、中国化马克思主义伦理思想

尽管系统化、学科化的伦理科学直到 20 世纪才真正在我国确立，从古至今中国哲学中也包含丰富的伦理思想。我国古代的伦理思想一方面揭示生活意义与人生理想，对人的精神境界提升起到指导作用；另一方面作为社会对全体成员日常行为的基本要求，对社会秩序的构建也有重要的作用。纵观中国历史，从殷周时代起就有关于"德"的理念，此后随着时代变迁与社会制度的改变，出现了多种伦理学说。如春秋战国时期的百家争鸣、秦汉直到明清时期占统治地位的儒家学说、汉代董仲舒的"三纲五常"思想，此后的魏晋玄学、宋明理学等。它们都体现出社会变迁对社会伦理思想的决定性作用，以及伦理思想符合社会发展需要的态势。然而，在近代，社会变迁和现代化生活方式的出现导致伦理观念和道德规范不同于往日，旧有伦理思想不再能够表达人民的诉求，也无法完成引导人们行为符合道德的使命了。西方资本主义国家的武力入侵和资产阶级的改良尝试尽管完成了打破传统思维桎梏的使命，却没有建立资产阶级的伦理思想体系。此时，伴随马克思主义中国化的历史进程，在伴随着经济社会发展的历史脚步，科学技术也向前推进，我国在三大改造、改革开放、全面深化改革等人民的集体实践中，发展出了适应中国特色社会主义革命与改革需要的中国化马克思主义伦理思想。近百年来，这一系列思想观点也在批判地继承人类历史上、一切伦理思想成果基础上，与种种有损社会公德与个人品德的不道德观念与行为的斗争中，不断地完善自身。这种发展基本满足了中国社会的需要，并且在社会主义建设和改革过程中发挥了精神指导作用。

从 1919 年五四运动起，马克思主义伦理思想开始了在我国引介传播的历程。"围绕着中国伦理文化向何处去，怎样实现中国传统伦理的近代化、现代化等问题历史课题"①，各种伦理思潮涌动，自由、民主的理念强烈冲击着家族长幼尊卑的伦理观念，在这一过程中人的自主意识和对权利的要求也相应得到了提高。可以说"五四新文化运动将中国现代化事业推进到精神、伦理的层面，也标志着中国现代化发展到一个新的阶段"②。在这场文化运动中，李大钊、陈独秀等马克思主义者与自由主义、新儒家等学派进行论辩，逐步在新民主主义革命、社会主义革命的实践中形成并发展了中国化马克思主义伦理思想。在《新民主主义论》中，毛泽东也提出"反对旧道德，提倡新道德""反对旧文学，提倡新文学"的伦理观。可以说，这些努力不仅创造与发展了中国化马克思主义的伦理思想，中国化马克思主义伦理思想也反过来作为李大钊、陈独秀、毛泽东等中国马克思主义者解决伦理道德问题的标尺，从而得以针对中国传统道德观念和诸多约定俗成的观念进行深刻伦理反思与道义批判。主要观点围绕着中国传统伦理是反映封建主义生产关系的伦理道德，这种以血缘宗亲为基础的尊卑贵贱等级关系的目的在于维护封建剥削和压迫的不合理秩序，因此必须去除思维中的封建道德

---

① 李兰芬. 百年中国马克思主义伦理思想研究述要［M］. 苏州：苏州大学出版社，2015：10.
② 欧阳哲生. 五四运动的历史诠释［M］. 北京：北京大学出版社，2012：286.

桎梏，方可建立一个独立的现代化的新中国。

中华人民共和国成立后，随着马克思主义中国化与中国革命的具体实际相结合，马克思主义伦理思想的基本原理也自觉地同我国人民的道德实践结合起来，批判地继承中国古典伦理思想，抛弃其封建性的不适宜时代的因素，吸收其民主性的精华，做到"古为今用""推陈出新"，使得中国伦理发展出现了新的发展态势，最重要的理论成果即中国化马克思主义伦理思想的第一阶段：毛泽东伦理思想。毛泽东的伦理思想作为马克思主义伦理思想中国化的重要成果，也代表我国社会主义伦理理论的形成。具体地说，以毛泽东为核心的党的第一代中央领导集体以马克思、恩格斯的伦理思想为指导，以苏联革命和建设的实践经验教训为借鉴，结合我国人民的实践，一方面赋予马克思主义伦理思想更为具体的内涵，另一方面又在实践中自觉地贯彻了马克思主义伦理思想的理论内核，从理论上和实践上把马克思主义伦理思想推向了一个新的境界。毛泽东的《关于纠正党内的错误思想》《反对自由主义》《纪念白求恩》《为人民服务》《愚公移山》等文中都提出了富有中国特色的无产阶级伦理观和无产阶级价值观。具体表现在毛泽东把伦理思想与现实的社会生产劳动、人与人的关系、人的自由等多维度紧密地联系在一起，从而使意识领域的伦理思想变得具体而真实：针对马克思主义伦理思想，毛泽东揭示了抽象人性论的本质，阐发了无产阶级人性论，提出"全心全意为人民服务"理念是马克思主义伦理思想的核心，并指出共产主义、社会主义道德的根本原则是正确处理个人利益与集体利益的关系。此外，这一时期党内外伦理学界的学者们也围绕着道德的阶级性、统治阶级与被统治阶级的伦理关系、道德的本质问题、幸福观与荣辱观问题、婚姻观问题等伦理道德领域相关问题进行多维、多重的辩论，取得了许多有借鉴意义的理论成果。如吴晗的《说道德》、高仲田的《关于道德问题的批判继承问题》、窦仲菊的《什么是最大的幸福》等。

1978 年是我国改革开放的起点，也是新时期马克思主义中国化的开端。随着中国特色社会主义的建设，中国化马克思主义伦理思想也开启了新形势下的历史进程。这一时期我国的主要任务是大力发展生产力与发展经济，邓小平把马克思列宁主义普遍真理与中国的国情和中国伦理实践紧密而有机地结合起来，阐发了富有中国特色的经济伦理思想、以及关涉社会主义道德风尚、精神文明的社会主义伦理理论，是党、国家和人民道德实践的科学总结，也是马克思主义伦理思想中国化发展的新阶段。邓小平伦理思想是中国特色社会主义伦理思想的第一个重要理论成果，其中包括在经济建设中坚持人民的物质利益原则与坚持集体主义伦理观的辩证统一关系、社会主义道德建设与"四有"新人的培育、以人民利益为本位的价值观、为人民服务的伦理原则、"五爱"——爱祖国、爱人民、爱劳动、爱科学、爱护公共财物的伦理观念等，在改革开放的大背景下，从社会伦理秩序的建设与人民道德品德的培养两方面都提出了明确的要求。

20 世纪 90 年代伊始，我国快步走上信息化的高速路，经济与社会开启了新的发展方式，人们的生活方式也逐步走向多元性、开放性。与此过程相一致的，伦理思想与道德观念也在发生转变。由高新科技尤其是信息技术导致客观存在发生改变，这种变化与伦理观念之间的相互联系与相互作用也日益凸显出来。江泽民的伦理思想正是中国化马克思主义伦理思想在全球化趋势加强、世界科技迅猛发展的时代背景下产生的。基于社会现实，江泽民创造性地提出了效益优先、兼顾公平、公平与效率相协调的经济伦理思想；提出了依法治国与以德治国紧密结合的政治伦理思想；构建了与社会主义市场经济相适应的社会主义思想道德体系并提出建立公正的国际经济新秩序的伦理思想。另外，江泽民关于科学技术的伦理思想也逐渐形成：2000 年 8 月 5 日，江泽民在北戴河会见六位国际著名科学家时曾一针见血地指出："在二十一世纪，科技伦理的问题将越来越突出。核心问题是，科学技术进步应服务于全人类，服务于世界和平、发展与进步的崇高事业，而不能危害人类自身。"①依据技术进步的这一价值取向与道德目标，江泽民提出了"尊重科学家独特的敏感和创造精神，鼓励他们进行'好奇心驱动的研究'，另一方面引导科学家明确科学研究的正确价值目标，牢固树立崇高的科学道德，即要把科学研究成果用于造福社会、造福人类，而是不相反"②。可以说，不论是社会伦理、经济伦理抑或技术伦理，中国共产党人深刻认识到"人民群众是历史的创造者，是社会发展的决定力量"，牢牢地抓住了"人"这一核心问题。这里的人，不是抽象的人，而是每一个人，包括全人类。针对全球化过程中越发分化的两极化现象，江泽民又提到："现在南北差距问题、贫富问题越来越突出。发达国家与发展中国家在科技发展水平上存在的严重不平等，更加重了南北差距。信息技术的发展促进了信息产业的迅速成长，也带动了经济增长。但这种增长及其带来的利益主要集中在发达国家。全世界大量贫困人口还没有享受到信息技术发展的实惠。"③ 也由此涉及经济全球化进程中的人类的公平正义问题。

　　进入 21 世纪，世界范围内的资源分配问题、贫富差距问题、生态

① 江泽民．论科学技术［M］．北京：中央文献出版社，2001：217.
② 江泽民主席在北戴河会见诺贝尔奖获得者［N］．光明日报，2000-08-06.
③ 江泽民主席在北戴河会见诺贝尔奖获得者［N］．光明日报，2000-08-06.

伦理危机与全球性的伦理共识等问题越发突出，在解决道德实践中诸多问题的过程中，马克思主义伦理思想的中国化历程继续向前推进，形成了胡锦涛伦理思想。对"以人为本"观念的强调、对"和谐社会"伦理理念的倡导、对"全面协调可持续发展"的科学发展观的创造、对"科学理性精神"的培育、对具体化的马克思主义伦理理念即"新型荣辱观"的宣传教育等构成胡锦涛为核心的第三代领导集体的伦理思想。王泽应评价胡锦涛伦理思想："从根本上解决了'为谁发展'的重大问题。"① 对于当代最突出的信息技术伦理问题，胡锦涛提出"大力发展信息网络技术，推动经济又好又快发展，通过互联网了解民情、汇聚民智、推进社会主义民主政治建设进程；以积极的态度、创新的精神加强网络文化建设和管理；加强虚拟社会管理构建网络和谐社会；充分利用信息网络化加强网络党建；不断提高党的建设水平"② 等，是中国共产党关于如何实现我国经济社会在信息时代科学发展的新措施。

在全面深化改革，实现民族复兴的现阶段，习近平新时代中国特色社会主义思想针对"道德在哪里，道德如何立，道德谁先行"等一系列问题，逐步确立了关于道德建设与社会主义核心价值观培育的伦理思想。这一伦理思想对人本身及人的需要、人的价值始终保持高度关注，秉承以人为本的伦理观念："坚持发展为了人民，发展依靠人民，发展成果由人民共享，坚持走全面发展协调发展和可持续发展道路，促使生产发展、生活富裕、生态良好……"基于对人及其良好生活、良序社会构建的关注，技术伦理尤其是信息伦理问题也进入了中国化的马克思主义伦理思想的视域之中。现如今技术发展势头迅猛，我国正在步入信

---

① 王泽应．中国特色社会主义伦理思想的开拓创新［J］．伦理学研究，2013（1）：9.
② 寇清杰，郑兴刚．胡锦涛信息网络思想述论［J］．2012（5）：4.

息社会的道路上，信息技术成为人的日常所需。对此，习近平伦理思想也给予了回应。在浙江乌镇连续举办的三届互联网大会上，多项网络治理政策的出台，都为中国信息伦理思想的发展提供了契机。强调了道德在人际交往活动中，在社会发展过程中的重要作用，尤其重视对党员干部、对青年群体的伦理教育。将伦理问题提高到立人之本、兴国之策的高度。如习近平总书记的青年观具有丰富的伦理意蕴，"提倡以真与善的统一作为青年理想信念的价值目标，以实现道德主体的自觉自律作为道德教育的重要原则，强调自我道德约束对个体发展的精神推动，把发扬奋斗精神作为创造幸福生活的精神源泉、作为当代青年的行动指南"①。

习近平的伦理思想是马克思主义伦理思想中国化的时代新拓展，是对生活世界的变化，社会生产方式与人的伦理关系变化的回应与解答。党的十八大报告提出"倡导富强、民主、文明、和谐，倡导自由、平等、公正、法治，倡导爱国、敬业、诚信、友善"，这"三个倡导"将国家、社会与个人作为伦理主体，理论与现实紧密结合，致力于社会主义核心价值观的培育。正如2013年9月习近平会见第四届全国道德模范及提名奖获得者时讲话再次强调道德问题："道德是社会关系的基石，是人际和谐的基础。"既是对伦理道德本质的判断，也意识到道德建设应被作为重要战略加以重视。社会主义核心价值观也提出了伦理道德维度的价值目标，倡导新时期的公民责任。

总的来说，几代领导集体针对我国社会主义革命、改革与建设中的道德实践，对社会中最重要的伦理问题进行了阐释，并始终以马克思主

---

① 王玉萍．习近平新时代青年观的伦理意蕴及启示［J］．学术交流，2019（2）：70-76.

义理论为指导，与时俱进，在不断发展的历史条件下构建适合时代经济发展、社会进步的伦理思想，不断更新社会主义的价值观念与马克思主义伦理思想在当代中国的话语表达。从理论创新的角度看，一方面，马克思主义伦理思想与我国实践的结合本身就是一种发展，就是一种创造；另一方面，马克思主义伦理思想的中国化是马克思主义理论与我国人民的道德实践相结合的产物，有着鲜明的"中国特色、中国风格和中国气派"。经过百年发展的中国化马克思主义伦理思想已不是舶来之物，而是早已成为我国人民的道德实践的结晶。

第三节　中国化马克思主义伦理思想的双重维度

伦理主体的存在方式有两种：个人（person）与共同体（people），且两者彼此依存。个人品德关注个体行为与道德选择的善，社会伦理以社会共同体为研究对象，关注伦理秩序、交往伦理原则等。正如马克思主义提出建设"合乎人性的环境"的思想，就是将视野放在人与人的关系层面，关注客观性的社会伦理秩序与制度。马克思提到："最终的结果总是从许多单个的意志的相互冲突中产生出来的，而其中每一个意志，又是由于许多特殊的生活条件，才成为它所成为的那样。这样就有无数互相交错的力量，有无数个力的平行四边形，由此就产生出一个合力，即历史结果，而这个结果又可以看做一个作为整体的、不自觉地和不自主地起着作用的力量的产物。"① 也就是说，尽管每个人都在进行

---

① 马克思恩格斯文集：第 10 卷 [M]. 北京：人民出版社，2009：592.

有目的的活动，但是所有人的行动却可能存在冲突与矛盾。尼布尔（Reinhold Niebuhr）谈到"道德的人与不道德的社会"是一个问题，我们必须承认"道德的人"（品德高尚的人）与"道德的社会"（交往秩序与社会结构的正当性、公正性、人道性、建立伦理共识的合理性等）实际上是伦理思想中并行的两方面。学界这种类似的区分有很多，如李泽厚将道德分为"宗教性道德"与"社会性道德"，"康德将知性原理划分为'调节性原理'与'构成性原理'，儒家的道德哲学也可划分为两个进路，一个是德性论的进路，一个是知识论的进路"①。根据马克思主义对社会伦理秩序的要求与人类在精神文明领域自我实现的需要，并结合对道德实践的现实考量，我们可以从良序社会建设与个人品德建设两个维度来理解中国化马克思主义伦理原则。

当然，在中国化马克思主义伦理思想中，社会伦理与个人品德这两个维度也是紧密结合的。协调现实社会中人际关系和人与社会关系的伦理规范能够确保社会秩序良好；而激励个人素质提高、品德高尚的伦理目标又能够为社会发展进步提供精神动力。二者作为普遍性的规则与特殊性的理想之对立统一，共同指向马克思主义人与社会协调发展与和谐统一的道德理想。

作为中国化马克思主义伦理思想及其道德理想最核心内容的表达，中国化马克思主义伦理思想包含一系列的伦理原则。正如张岱年提出："伦理学的最高问题乃是道德最高原则的问题。"② 且这些原则在道德实践中，将"作为道德判断的根本依据，道德选择和评价的最后标准起

---

① 周浩翔. 德性与秩序——从康德哲学看儒家伦理的两种构成［J］. 道德与文明，2012（2）：151.

② 张岱年. 中国伦理思想研究［M］. 北京：中国人民大学出版社，2011：15.

作用"①。中国化马克思主义的一系列伦理原则作为其伦理思想的核心，集中反映出马克思主义伦理思想的性质、目标与要求，体现了中国化马克思主义伦理思想的道德价值旨归，也是人们在道德实践中做出判断和选择的道德标准。正如哈贝马斯的话语伦理提出的"对话原则"是交往双方达成道德共识的基本保证，又如李普曼的"公共哲学"理念也揭示出普遍性伦理原则的确立对于社会及其成员的重要意义。伦理原则或者具有一切人类社会都约定俗成的普遍性，或者根据伦理思想的理论旨趣而人为制定发布，从而具有某种社会要求的特殊性。尽管中国化马克思主义伦理原则的出现不一定是必然性的，但它们的出现也绝非偶然，而是有着客观的依据。根据伦理思想的双重维度，我们对中国化马克思主义的伦理原则也可进一步阐释。

一、良序社会建设的伦理原则

罗国杰提出："集体主义原则合理调控集体与个人、集体与集体、全局与局部的各种矛盾和所有与此相连的关系，是社会主义道德体系中占主导地位的根本原则。"② 并且"社会主义道德建设的原则有着不同层次的关系。除了社会主义集体主义以外，还有一些不同的、较低层次的原则，人道主义原则、公正原则就是属于这一地位的原则"③。可以将集体主义、公正与人道主义的原则三者看作一组伦理原则体系，作为我国良序社会建设中必要的原则。首先，权利—义务关系是以社会为道

---

① 何怀宏. 伦理学是什么 [M]. 北京：北京大学出版社，2002：79.

② 罗国杰. 关于集体主义原则的几个问题 [J]. 思想理论教育导刊，2012 (6)：36.

③ 罗国杰. 关于社会主义人道主义原则的几个问题 [J]. 思想理论教育导刊，2012 (10)：33.

德主体的伦理原则需要关注的核心，而集体主义伦理原则就针对如何看待集体与个人的关系给出了一系列的道德评价标准，由于公共生活的重要性与日俱增，对于处于社会中的人而言集体与个人的关系也是人类面对的最基本、最重要的关系，涉及个人利益与集体利益的优先与否、个人对集体的义务与集体对个人的责任等重要问题，集体主义都给出了回答。因此集体主义是中国化马克思主义伦理思想中最为基本的伦理原则。其次，公正原则。公正原则由集体主义引申出来，为保证社会中的每个人获得公平、正义的对待，协调好社会成员之间的关系，在现实社会中分配好权益与责任等，因此是至关重要的伦理原则。实际上，公正也是社会主义国家要解决的核心问题，体现了社会主义社会的应有之义。最后，也是最为根本的，我们通常不会否认一个伦理秩序良好的社会必须是"人道"的，需要维护人的自由意志、尊严及自我实现，尤其在中国化马克思主义的伦理理论中，"自由与解放"有了更为深刻而科学的内涵，因此这也是中国化马克思主义伦理思想中最为重要的伦理原则。

（一）集体主义伦理原则

集体，即各类社会共同体。马克思主义的集体主义与共同体思想关涉几个问题：集体/共同体的概念、集体与个人的关系，以及集体与个人间具体的伦理责任义务。

1. 集体是真实的共同体

马克思主义给予世界范围内的社会主义运动以巨大的推动力，而标志着马克思主义诞生的《共产党宣言》作为理论武器，以"全世界无产者，联合起来！"口号结束，这体现出马克思主义理论对"联合"的重要性的强调。马克思认为，欲消除生产方式带来的人的异化并最终获得自身解放，"没有共同体，这是不可能实现的。只有在共同体中，个人才能获得全面发展其才能的手段"①，也正是基于这种对联合、组织的前提性设想，在《德意志意识形态》中马克思、恩格斯区分了"真实的共同体"与"冒充的共同体"或称之为"虚假的共同体"之间的差异。真实与虚假的差异在于作为前提的"共同体"是成员自愿参加且个人拥有"自由个性"的，还是个人是作为阶级、等级的成员参加的且个人无独立自主性的。由此马克思主义的"真实共同体"概念指向一种人道的道德诉求，同时是对人与人合宜的伦理关系的积极建构。根据马克思主义指导思想，社会主义范畴内的集体所指的集体是宏观意义上的，是代表最广大人民群众根本利益的社会主义"国家"或"民族"。而虚假的集体则指向所有靠压榨成员利益存在或剥削成员价值的"小团体"。

2. 个人自由需在集体中实现

马克思、恩格斯认为："只有在共同体中才可能有个人自由。"在区分了"真实的集体"与"虚幻的集体"的基础上，强调了社会共同体也即集体的重要性。他说，"社会不管其形式如何，都是人们交互作用的产物"②。社会由人构成，且他们并非作为原子式的个体独立存在而是彼此交互关联，形成各类共同体，这在任何一个时代都成立。追溯历史可以发现，"越往前，个人，从而也是进行生产的个人，就越表现为不独立，从属于一个较大的整体"③，且"孤立的一个人在社会之外进行生产——这是罕见的事，偶然落到荒野中的已经内在地具有社会力

---

① 马克思恩格斯文集：第 1 卷 [M]. 北京：人民出版社，2009：570.
② 马克思恩格斯选集：第 4 卷 [M]. 北京：人民出版社，1995：321.
③ 马克思恩格斯全集：第 12 卷 [M]. 北京：人民出版社，1998：733.

的文明人或许能做到——就像许多个人不在一起生活和彼此交谈而竟有语言发展一样，是不可思议的"①。据此，马克思论述了人类集体生活的惯性与必要性，也由此论证了人民公社等社会联系的各种形式直到市民社会都呈现出集体生活的重要性。恩格斯也提出："劳动的发展必然促使社会成员更紧密地互相结合起来，因为劳动的发展使互相支持和共同协作的场合增多了，并且每个人都清楚地意识到这种共同协作的好处。"②

对于我国而言，在社会运行中最重要的一个指导精神或者说伦理原则就是"集体主义"。集体同集体成员的关系是相辅相成、互为前提的。广义上说，只有在人群中，在集体中个人的能力与才干才能获得施展的空间，也只有在集体的庇护下，个人的意愿与意志才能获得必要的保障。在集体中的个体不仅是自然人，更是集体的一分子，因此集体有义务对个人尽到保障、保护的关系，个人也有义务"牺牲小我，成全大我"。集体利益与个人利益应是辩证统一的良性互动关系。毛泽东"为人民服务"的道德原则的提出，国家利益、集体利益和个人利益三结合的集体主义原则都强调了这一关键点。理论上，"为人民服务"的中国传统民本思想与马克思主义"自由人联合体"的人类理想有着共通的内涵；实践中，生产资料公有制与随后人民公社化等集体主义的实践都作为伦理观念层面集体主义的基础与前提，事实上已经获得了成功。最重要的是，中华人民共和国成立后百废待兴，社会主义制度下集中力量办大事的客观需求，使得集体主义伦理思想的出现合情合理。由于中华人民共和国成立初期特殊的历史需要，集体主义原则可以总结

---

① 马克思恩格斯全集：第 12 卷［M］. 北京：人民出版社，1998：733.
② 马克思恩格斯文集：第 9 卷［M］. 北京：人民出版社，2009：553.

为：一是注重人民群众的根本利益；二是注重公私兼顾；三是在个人与集体利益发生矛盾时暂时放下个人利益。

3. 集体主义：科学的"义—利"之辩

随着改革开放与市场经济的运行，集体主义被加入了新的内涵，个人的价值与地位得到提升。在社会主义建设的实践中，无产阶级功利主义的提出也将马克思主义伦理思想与中国特色紧密结合在一起。邓小平《党和国家领导制度的改革》中提到："我们提倡按劳分配，承认物质利益，是要为全体人民的利益奋斗。每个人都应该有他一定的物质利益……我们从来主张，在社会主义社会中，国家、集体和个人的利益在根本上是一致的，如果有矛盾，个人的利益要服从国家和集体的利益。为了国家和集体的利益，为了人民大众的利益，一切有革命觉悟的先进分子必要时都应当牺牲自己的利益。我们要向全体人民、全体青少年努力宣传这种高尚的道德。"① 如果"违反集体利益而追求个人利益，违反整体利益而追求局部利益，违反长远利益而追求暂时利益，那么，结果势必两头都要受损失"②。在理论与实践中明确肯定了个人利益的合理性，"提倡社会主义集体主义，绝不是说可以不注意个人利益"③。个人与集体主义的关系得到更为合理的解释，而个人为集体牺牲的行为也被当作一种高尚的德行。胡锦涛在讲话中提到，党要具体服务好每个人，不能随意让人民群众做出牺牲，要做到"始终把人民利益放在第一位……权为民所用，情为民所系，利为民所谋"④。集体主义伦理思

① 邓小平. 邓小平文选：第2卷 [M]. 北京：人民出版社，1994：337.
② 邓小平. 邓小平文选：第2卷 [M]. 北京：人民出版社，1994：175.
③ 邓小平. 邓小平文选：第2卷 [M]. 北京：人民出版社，1994：175.
④ 胡锦涛. 在庆祝中国共产党成立90周年大会上的讲话 [M]. 北京：人民出版社，2011：14-15.

想也包括家庭伦理、职业伦理与国民公德等内容，这些都是调节个体与不同集体之间具体关系的原则，也是对个人提出的道德义务。

总体来说，集体主义伦理原则的形成是中国化马克思主义伦理思想对关系层面的具体原则，个人与共同体的关系、权利与义务的关系、不同层次的集体与个人利益的占有问题，包括集体对个人的责任问题的科学解答。集体主义原则关注个体与集体间的优先性，个体对集体的应尽义务，集体对个人应负有的道德责任，以及如何通过伦理规范与教化实现集体与个人关系的和谐及利益共有等问题，是对人的社会性与关系性的科学说明，也是我国以公有制为主体，多种所有制经济共同发展的经济制度的概括和总结。集体主义伦理原则反对将个人与集体的关系简单地等同于服从与依靠的关系，也反对将个人与集体孤立地理解，单纯地奉行集体至上或者个人至上。将集体主义同社会主义的基本制度内在关联也是社会主义的应有之义。集体主义伦理原则维护社会伦理秩序良好，也为社会主义制度建设、文化建设提供了充分的价值支持。

（二）公正原则

在马克思、恩格斯德文原著中"正义"以"Gerechtigkeit"表示。在我国被译为"公正"或"公平"，因此本书遵循学界约定俗成，将"公平""公正"和"正义"作为同一概念使用。

1. 公正是一个历史范畴

在《共产党宣言》《哥达纲领批判》等文章中马克思对其进行了重点论述。针对《哥达纲领》"劳动所得应当不折不扣和按照平等的权利属于社会一切成员"这样看似"公平分配"的措施，马克思在《哥达纲领批判》中谈到拉萨尔主张的"公平的分配"时说道："什么是公平的分配呢？难道资产者不是断言今天的分配是公平的吗？……难道各种社会主义宗派分子关于'公平的'分配不是也有各种极不相同的观念吗?"① 据此批判了抽象的、口号式的说辞。正如恩格斯在《反杜林论》中提出:"这一观念的形成,需要一定的历史条件,而这种历史条件本身又以长期的以往的历史为前提。"② 按照马克思的观点:共产主义社会物质极大丰富,不需要谨慎分配匮乏的产品;人们各尽所能展开劳动,并无利益的冲突需要解决。因此公正问题在共产主义的语境中是并不存在的。"共产主义的优越性恰恰在于它使得全部公正问题成为多余。"③ 但是单纯将分配从整体中抽离出来并孤立地对它加以研究并提出美好的公平愿景,是无法得出科学的结论的。马克思说:"消费资料的任何一种分配,都不过是生产条件本身分配的结果;而生产条件的分配,则表现生产方式本身的性质……如果生产的物质条件是劳动者自己的集体财产,那么同样要产生一种和现在不同的消费资料的分配。"④

历史唯物主义视域之下,"公平"问题应在历史的大背景下进行考察,要研究某种公平理论所反映的社会经济关系是不是适应当时生产力发展的需要,是不是符合社会发展基本规律。此外,在经济领域,公平是非常具体的社会经济关系的范畴,因而不能仅根据"朴素的阶级感情",按照自己的意愿和利益来确定公平的标准,公正也并非在意识形态领域内就能得到解决而是必须消灭阶级剥削与阶级压迫。正如恩格斯所说:"道义上的愤怒,无论多么入情入理,经济科学总不能把它看作证据,而只能看作象征。"⑤ 用语境主义的观点来看,马克思主义的公

---

① 马克思恩格斯选集:第 3 卷 [M]. 北京:人民出版社,1995:302.
② 马克思恩格斯文集:第 9 卷 [M]. 北京:人民出版社,2009:113.
③ A. E. Buchanan. Marx and Justice [M]. London:Methuen,1982:44.
④ 马克思恩格斯选集:第 3 卷 [M]. 北京:人民出版社,1995:306.
⑤ 马克思恩格斯选集:第 3 卷 [M]. 北京:人民出版社,1995:492.

正原则是实际的、具体的、历史的。"物质条件和社会生活的经济组织强有力地构成了我们在特定环境中，甚或在特定社会的特定历史时期中，正确判断正义或不正义的前提条件。"①

2. 社会主义生产资料的公有制是分配公正的前提

"消除两极分化"是中国特色社会主义的主要特征与应有之义。正义不是抽象概念而是在现实中获得实现。针对资本主义社会工人阶级与资本、资本家在生产、交换、分配、消费领域广泛存在的对立关系，马克思主义者们力图建构一种公正的生产关系。列宁接受了马克思、恩格斯对社会经济领域的重视的看法，提出"只有社会主义才可能广泛推行和真正支配根据科学原则进行的产品的社会生产和分配，以便使所有劳动者过最美好的、最幸福的生活……而且我们知道社会主义一定会实现这一点，而马克思主义的全部困难和它的全部力量也就在于了解这一真理"②。

以马克思主义伦理思想为指导，我国在解决公平与效率问题、先富与后富问题过程中逐步发展了公正原则。首先，从制度上改变生产资料所有制的形式，寻求无产阶级的解放。用这种方式获得的公正是个人的公平，才是整个社会的公平。资本主义社会资本家对工人阶级剩余价值的无偿占有是绝对的不公正。因此，劳动者是否占有生产资料才是公平分配的前提，也是社会公正的基础。

3. "先富带动后富，逐步实现共同富裕"

由天赋和负担差异和客观条件等导致的结果不平等也并非公正。我

---

① ［加］凯·尼尔森. 马克思主义与道德——道德、意识与历史唯物主义［M］. 李义天，译. 北京：人民出版社，2014：78.

② 列宁选集：第3卷［M］. 北京：人民出版社，1995：546.

国在改革开放之后，富裕程度增加，全体人民相比于过去都更富裕，但是并非均等的富裕。在共产主义的第一阶段——社会主义时期，我们只能实现生产资料的社会主义公有制，还无法"按需"分配，只有在"生产力增长起来，而集体财富的一切源泉都充分涌流之后，才能完全超出资产阶级权利的狭隘眼界，社会才能在自己的旗帜上写上：各尽所能、按需分配！"① 邓小平在改革开放初期提出了"先富带动后富，逐步实现共同富裕"的思想，又在南方谈话中提出了社会主义的本质，"解放生产力，发展生产力，消灭剥削，消除两极分化，最终达到共同富裕"，就是根据国情对马克思主义思想的继承和发展。科学发展观提出注重"三农"问题、统筹城乡发展、统筹区域发展、西部大开发、振兴东北老工业基地、中部崛起等，都是政策倾斜扶持，力求实现全体人民的公正。针对时代新问题，党的十六大提出了"确立劳动、资本、技术和管理等生产要素按贡献参与分配的原则"，我国通过产权改革充分调动参与人员的积极性。随着效率的提高，公平问题逐步凸显，于是"更加注重社会公平"（十六届五中全会）。而中央文件《关于实行以增加知识价值为导向分配政策的若干意见》也是针对信息化建设中最关键的技术创新价值问题提出的。通过完善收入分配制度与社保体系，协调公平与效率、先富与后富的关系。胡锦涛提出，"初次分配和再分配都要处理好效率和公平的关系，再分配更加注重公平"②。"既要把蛋糕做大，又要把蛋糕分好"符合社会主义的共同利益和公正分配的原则。

十二届全国人民代表大会第一次会议上，习近平提出"我们要随

---

① 马克思恩格斯选集：第 3 卷［M］．北京：人民出版社，1995：306．
② 胡锦涛．在中国共产党第十七次全国代表大会上的报告［M］．北京：人民出版社，2007：38-39．

时随刻倾听人民呼声、回应人民期待，保证人民平等参与、平等发展权利，维护社会公平正义……使发展成果更多更公平惠及全体人民，在经济社会不断发展的基础上，朝着共同富裕方向稳步前进"①。习近平也提出"把促进社会公平正义作为核心价值追求"，"增进更多民众福祉"，"扩大中等收入者比重。特别是要加大对困难群众的精准帮扶力度，在 2020 年前实现现行标准下 5700 多万农村贫困人口全部脱贫，贫困县全部摘帽"等讲话是从更高层次对公正伦理原则的实践，尤其注意到了以发展全体的名义而被牺牲的那部分（主要是占人口大多数的农民）的利益。这一思想也是我国经济建设、政治建设、文化建设、社会建设和生态文明建设的思想基础。

（三）马克思主义的人道主义伦理原则

人道主义是中国化马克思主义伦理思想首要的且最为重要的价值观，也是保证社会秩序良好的伦理要求。人道主义的伦理原则基于马克思主义对人及其本质的认识和弘扬。"人"是马克思、恩格斯思想的缘由与目的，在马克思主义理论中具有最高价值。正如费尔巴哈说："如果人的本质就是人所以认为的至高本质，那么，在实践中，最高的和首要的基则，也必须是人对人的爱。"② 而对人及其本质的关照也贯穿马克思主义伦理思想的始终。马克思、恩格斯吸收了费尔巴哈人道主义思想，进一步明确了人的本质，提出"劳动或实践是人的本质""人的需要即人的本质""人的本质是一切社会关系的总和"等论断，科学地回答了人的价值、尊严、差异、需要等问题。回答了应当如何看待人，如

---

① 习近平. 在第十二届全国人民代表大会第一次会议上的讲话［EB/OL］. 新华网，2013-03-17.

② 王海明. 伦理学原理［M］. 北京：北京大学出版社，2009：237.

何把人还给人，使人成为人，如何把人作为"最高价值"来对待的"人道""人本"问题。

1. 对人的科学认识："具体的人"

从前的人道主义在抽象意义上谈论人，谈论平等、自由、自主性等人权问题，事实证明只能是一种幻觉。正如麦金泰尔（Macintyre）所言："在黑格尔所称谓的市民社会和马克思所称谓的资产阶级社会中，个人享有的自由在某种程度上是一种幻觉；因为这种社会的社会方式和经济方式把自由的个人束缚在了一整套关系之中，这种关系使他的公民自由和法律自由化为泡影，阻碍了他的发展。"① 因为处于不同经济地位、社会地位的人对善、公正、自由等话语的理解可能不同，话语形式总是口号式的，但内容是具体的，马克思主义将人看作现实的、具体的人，阶级社会中人总是生活在阶级中，有着不同的经济、政治、社会地位。马克思主义关注现实的人及其需要，并关注人的解放与自由。相比于文艺复兴时期对"人本"的弘扬，马克思主义的人道主义也属于广义上的人道主义，但马克思主义的人道主义和此前的人道主义不能互相混合。因为"人"在马克思那里作为具体的、实践的而非整体性、抽象性的存在，这将马克思主义的人的本质理论与资产阶级思维框架之内的"抽象人性"区别开。"我们不是从人们所说的、所设想的、所想象的东西出发，也不是从口头说的、思考出来的、设想出来的、想象出来的人出发，去理解有血有肉的人……符合现实生活的考察方法则从现实的、有生命的个人本身出发，把意识仅仅看作是他们的意识。"② 在

---

① 高广旭. 论马克思伦理学的理论形态及其当代意义［J］. 道德与文明，2015（1）：59.

② 马克思恩格斯选集：第1卷［M］. 北京：人民出版社，2012：152.

《关于费尔巴哈的提纲》中，马克思通过论断"人的本质在其现实性上是一切社会关系的总和"来进一步定义人。这一论断关注人的"社会属性"，是对人与自然界其他生物相异的说明，也就是说人虽有自然属性，但更为重要的是其社会属性。其次，这一论断突出了"关系"范畴，人需要关系来定义，处于现实关系且最重要的是生产关系之中的人的交往活动决定了他们的经济关系、政治关系，进而又决定了人的伦理道德观。《政治经济学批判》序言一文也提到："人们在自己生活的社会生产中发生一定的、必然的、不以他们的意志为转移的关系……物质生活的生产方式制约着整个社会生活、政治生活和精神生活的过程。不是人们的意识决定人们的存在，相反，是人们的社会存在决定人们的意识。"① 人在社会中的境遇、阶级差异决定了人之差异性，人类彼此间如何道德地相处，如何把握人与人、人与集体、人与社会的交往，如何做到利益的公正分配，如何在社会中获得真正的自由，都要涉及这一前提性问题。

2. 最根本的"不人道"：人的异化

马克思主义视人为"最高价值"，而这种价值的实现即人的"类本质"的实现。根据马克思的理论，现实的个人本身作为"类存在物"以"自由的有意识的改造对象世界的活动"体现其"类特性"，生产生活也就是能动的类生活。然而，异化劳动将人同这种类本质相分离并最终引起人的异化。这是资本主义生产方式的必然结果，所以超越异化实现人类真正解放的共产主义社会是马克思主义者努力实现的目标。可以

---

① 马克思恩格斯选集：第 2 卷 [M]. 北京：人民出版社，2012：2.

说马克思、恩格斯"把人的价值实现和完善作为伦理思考的最高对象"①，因此对极大释放了生产力和人类需求但却剥夺了人类自由的资本主义提出谴责，也才会把共产主义解释为"自由人的联合体"。因此，如果说人的最高价值是主体性的自由发挥，于人而言，最重要的本质遮蔽就是主体性的丧失，也即人的本质"全面的无法实现"，人无法成为人，而成为异己之物。

马克思主义的人道主义思想中，异化一方面被理解为人的本质未能发挥，从而身体、意识不自由，另一方面被概括为人被人工物所操控，从而成为人工物逻辑的一部分。在《人民报》创刊纪念会上的演说中马克思提到："在我们这个时代，每一种事物好像都包含自己的反面。我们看到，机器具有减少人类劳动和使劳动更有效的神奇力量，然而却引起了饥饿和过度的疲劳。财富的新源泉，由于某种奇怪的、不可思议的魔力而变成贫困的源泉。技术的胜利，似乎是以道德的败坏为代价换来的……我们的一切发现和进步，似乎结果是使物质力量成为有智慧的生命，而人的生命则化为愚钝的物质力量。"② 这一思想不仅在马克思早期文章中体现，也是后期他将目光聚焦到经济领域时暗含的背景。恩格斯提到："科学是一种在历史上起推动作用的、革命的力量。"③ 的确，工厂和机器的出现极大地提高了生产的效率，极大地丰富了社会产品，人类的社会生活也随之走向现代化。但是，这种进步是以相当一部分数量的人的自由丧失为代价的。在前工业社会，一种手工作品的制造

---

① 顾智明. 论伦理本体——对马克思伦理视角的一种解读 [J]. 社会科学，2003 (3)：82.
② 马克思恩格斯选集：第1卷 [M]. 北京：人民出版社，2012：775.
③ 马克思恩格斯选集：第3卷 [M]. 北京：人民出版社，1972：777.

或许需要祖辈相传的完整技艺，且一门生产技术的掌握或许也需要经年的时间，在这个过程中人的意念意志与物结合，主体能动性被充分地表现出来。然而工业社会的机械化生产不同于手工劳动，每个人只是机器生产流水线上的一颗"螺丝钉"，"手工业中，是工人利用工具，在工厂中，是工人服侍机器"①，"大工业从技术上消灭了那种使整个人终生固定从事某种局部操作的工场手工业分工"，但是，"大工业的资本主义形式同时又更可怕地再生产了这种分工"②，且"工场手工业把工人变成畸形物，它压抑工人的多种多样的生产志趣和生产才能，人为地培植工人片面的技巧……人只是人身体的某个片段"③。也就是说，"工场手工业工人按其自然的性质没有能力做一件独立的工作，他只能作为资本家工厂的附属物展开生产活动"，也因此，工人除了失去生产资料，也失去了独立完成工作的生产技能，他不得不接收强加于他的所有规则。最关键的是，"工厂的全部运动不是从人出发，而是从机器出发，所以不断更换人员也不会使劳动的过程中断"④。再者，"如果年轻人很快就学会使用机器，也就没有必要专门培养一种特殊的工人成为机器工人"⑤。于是，我们发现，"工人的局部职能变成过剩的同时，他本身也变成过剩的东西；与此同时，这个矛盾又通过工人阶级的不断牺牲、劳动力的无限度的浪费以及社会无政府状态的洗劫而放纵地表现出来"⑥。这里马克思和恩格斯以深切的人道主义原则出发，反思技术人工物——

---

① 马克思. 资本论：第 1 卷 [M]. 北京：人民出版社，2004：486.
② 马克思. 资本论：第 1 卷 [M]. 北京：人民出版社，2004：557.
③ 马克思. 资本论：第 1 卷 [M]. 北京：人民出版社，2004：417.
④ 马克思. 资本论：第 1 卷 [M]. 北京：人民出版社，2004：484.
⑤ 马克思. 资本论：第 1 卷 [M]. 北京：人民出版社，2004：485.
⑥ 马克思. 资本论：第 1 卷 [M]. 北京：人民出版社，2004：560.

这里是工业化中的机器，阐述了资本主义时代人的伦理关系，以及无产阶级的历史生成与被剥削的伦理困境。

对于人的"异化"状态，马克思说："随着机器体系的每一进步，由机器、原料等构成的不变资本部分不断增加，而用于劳动力的可变资本部分则不断减少。"① 这种机器同工人的斗争是工业化的现代生产方式带来的后果，应该说这一过程造成了人类面对新技术时的被动局面，反观今天，代替了传统机器工业技术的信息技术也同样与未能掌握它们的人渐行渐远。但是马克思更进一步，看到了机器排斥工人的实质原因，即对机器的使用方式："一个毫无疑问的事实是：机器本身对于把工人从生活资料中游离出来是没有责任的，这些矛盾和对抗不是从机器本身产生的，而是从机器的资本主义应用产生的。因为机器本身增加生产者的财富，而它的资本主义应用使生产者变成需要救济的贫民。"② 如何改变这种人为的"不人道""不自由"？马克思、恩格斯论述了生产力发展与生产资料私有制之间的不相匹配定然打破原有平衡并产生新的平衡，其中，作为"第一生产力"的科学技术进步首当其冲。而在精神文明层面的道德观念、道德素养的先进程度也将对经济、社会的科学发展起到重要的调节作用。

3. 最根本人道主义：人的自由与人的解放

"人道"的意义上，人应当拥有自由意识与自由行动能力，即有对自身的控制力和话语权，也应当摆脱各类剥削与压迫。然而"生而平等"的资本主义信念被证明在资本主义社会制度下无法实现，且在现代化进程中越发显现出人在经济地位、社会地位的巨大差距。马克思目

---

① 马克思. 资本论：第1卷 [M]. 北京：人民出版社，2004：517.
② 马克思恩格斯全集：第26卷 [M]. 北京：人民出版社，1974：483-484.

睹了阶级社会的后果，极力反对因为各种"拜物教"的经济目的而导致人类本性遭受摧残的制度，认识到只有社会中每个人都从不自主的状态中解放出来，才能得到发展并成为完善的人，并力求从现实中改变、消灭这种对立。用弗洛姆（Erich Fromm）的话说，在马克思看来资本主义私有制是异化的社会制度，异化就是不把人看作人，而把人看作物；异化的社会就是同自己的固有本质相异化。这种异化不符合"人之道"，应当扬弃。未来理想社会应为了人而实现"人向自身、向社会的人的复归"。因此，他强调"马克思主义是一种人道主义，它的目的在于发挥人的各种潜能"①。对于人道主义伦理原则的实现，马克思主义倡导"人的解放"。这种解放不是指脱离宗教神权的束缚，而是在现实世界中发挥"人权"，获得经济上、政治上、人格上的独立，获得身体与精神的双重自由，令人的本质全面实现，从而获得人之为人的尊严。由此，马克思对造成工人阶级及所有被压迫者走向异化、不自由的真正"权力"的理解，从宗教领域、政治领域扩展到经济领域，并通过批判资产阶级对无产阶级的财富剥削来澄清这一点。正如恩格斯所指出的，只有社会主义革命的胜利，社会主义制度的建立才揭开了"真正人"的发展的历史序幕，才开始了"人类从必然王国进入自由王国的飞跃"②。

正如苏联尝试在生产力不发达国家建设社会主义的构想，就首先从制度上、也在意识中先于物质生产而建构了一个理想社会的模式。列宁强调，科学技术文化是进行社会主义民主建设、改善国家机关、提高管

---

① ［美］埃里希·弗洛姆. 人的呼唤——弗洛姆人道主义文集［M］. 王泽应，等译. 上海：上海三联书店，1991：11.
② 马克思恩格斯选集：第3卷［M］. 北京：人民出版社，1972：441.

理者素质、反对官僚主义的基本条件。秉承马克思主义伦理理念的中国共产党人提出了社会主义伦理思想，将马克思主义伦理思想作为伦理原则和道德规范运用到中国革命、建设与改革的过程中，建立了社会主义的人道主义伦理原则。在党的十二届六中全会通过的《中共中央关于社会主义精神文明建设指导方针的决议》中，毛泽东指出："在社会公共生活中，要大力发扬社会主义人道主义精神，尊重人，关心人，特别要注意保护儿童，尊重妇女，尊敬老人，尊敬军属和荣誉军人，关心帮助鳏寡孤独和残疾人。"① 这里女性、老年人、残疾人等都得到特别的关注，指向明确，人被作为独立个体区别对待，他们不是面孔模糊的"所有人"，更非"沉默的大多数"。此外，毛泽东又提出"为人民服务"的命题，"一刻也不能脱离群众，一切从人民的利益出发，而不是从个人或小集团的利益出发"②。始终肯定人的价值。随着改革开放的深入，人的劳动与实践能力也得到更突出的认可，通过发展经济与完善政治制度建设，人民得到了思想的解放与道德境界的提升，社会主义伦理思想也在这一过程中获得了发展，引入新的深刻内涵，更加关注人的需要与自身全面发展问题。邓小平提出："马克思主义向来认为，归根结底地说来，历史是人民群众创造的，工人阶级必须依靠本阶级的群众力量和全体劳动人民的群众力量，才能实现自己的历史使命——解放自己，同时解放全体劳动人民。"③ 当然，这里的解放是一种历史活动而非思想活动，"解放是由历史的关系，是由工业状况、商业状况、农业

① 中共中央文献研究室．十二大以来的重要资料选编（下）［M］．北京：人民出版社，1988：1173-1190．
② 毛泽东．毛泽东选集：第3卷［M］．北京：人民出版社，1991：1094-1095．
③ 邓小平．邓小平文选：第1卷［M］．北京：人民出版社，1994：217．

状况、交往状况促成的"①。关于权力集中的弊端问题邓小平也早有论述："从党和国家的领导制度、干部制度方面来说，主要的弊端就是官僚主义现象，权力集中的现象、家长制现象，干部领导职务终身制现象和形形色色的特权现象。"② 胡锦涛也提出："坚持以人为本，树立全面、协调、可持续的发展观，促进经济社会和人的全面发展。"体现了我国"以实现人的全面发展为目标，从人民群众的根本利益出发，谋发展、促发展……让发展成果惠及全体人民"③ 的社会主义伦理原则。可以说，在善待、尊重人的人道主义原则之下，马克思主义伦理思想始终将人本身看作最高的价值或尊严，如但丁所言，"超过了天使的高贵"，又如斯宾诺莎（Spinoza）所言"人对人具有最高价值"。

二、个人品德建设的伦理原则

只有确立了伦理主体才能够衡量其行为是否符合某种伦理标准。因此要明确伦理为谁而设，谁需要有"德"，也即优良道德制定的目的性是前提。关于道德主体，马克思提到："我们开始要谈的前提不是任意提出的，不是教条，而是一些只有在想象中才能撇开的现实前提。这是一些现实的个人，是他们的活动和他们的物质生活条件，包括他们已有的和由他们自己的活动创造出来的物质生活条件。因此，这些前提可以用纯粹经验的方法来确认。"④ 也就是说伦理思想针对的主体是具体的人，这里的每个人都应依照一些特定伦理原则的标准来行动。所以个体

---

① 马克思恩格斯选集：第 1 卷 [M]. 北京：人民出版社，2012：154.
② 邓小平. 邓小平文选：第 2 卷 [M]. 北京：人民出版社，1983：287.
③ 胡锦涛. 在中央人口资源环境工作座谈会上的讲话 [M]. 北京：人民出版社，2004：2.
④ 马克思恩格斯选集：第 1 卷 [M]. 北京：人民出版社，2012：66.

是社会性的存在，同时也是"道德性"的存在，个体之主体性不仅是摆脱自然界强加的那种束缚，还意味着拥有不同于其他生物的人性、道德性。这是道德作为一种特殊的社会要求对人的规定性。正如韦伯（Max Weber）认为"道德"就是可以论善恶的那部分人性，人类不仅是社会性的存在，在一定程度上是超越了动物性的、理性的、文明的存在。针对现实的个人，马克思主义伦理思想一方面通过道德的规定性塑造、培养人以文明方式生存，另一方面致力于人类理性中的"品德"提升。既是道义论意义上的对尊重、遵守行为规范的要求，也是美德论中对品德塑造的诉求。从义务到美德，从他律到自律，马克思主义伦理思想中包含了个人品德建设伦理原则的制定标准。

当然，作为现代哲学伦理体系中的一部分，这些可称之为标准的原则能列举很多，但是结合马克思主义的伦理价值诉求与信息时代的大背景，本书认为最重要的原则为以下几条：诚信原则、尊重原则与责任原则。因为它们不仅是马克思主义伦理学理论关注的最重要原则，也是在信息时代依然存在，且相比于前信息时代而言表现出了新的样态的伦理原则。从个人美德、道德修养的实现来看：个人品德总体来说是人的道德品质与道德意识的总和。一方面，是个人遵守社会道德行为规范从而体现出稳定的行为习惯；另一方面，是通过个人反思伦理发展出的高尚道德情操，体现着个人在伦理问题上的个人取舍、心理诉求与价值判断，体现了人类从野蛮到文明的进步，是自我实现、自我完善的过程。当然，个人不能完全脱离社会与时代，因此这种个人道德仍然需要在具体的社会环境中加以认识。诚信原则是所有个人品德中的最基本的。因为，人无不生活在社会之中、关系之中，而社会中人与人的交往以诚信为前提。尊重原则是马克思主义人本观在个人行为中的具体体现，也是道德行为规范的基本要求。而责任原则是一切个人德性的根本，责任感体现了人的自由自觉本性，责任的实现也是人向着更高尚的境界进步的标志。此三者是马克思主义伦理思想的重要内容，互相不能取代并能够自恰。

（一）诚信原则

人们交往关系的建立需要依赖诚信而非欺诈，因此诚信是最重要的品德，是一切道德原则的基础。所有伦理思想都无法绕开为人行事的真诚与守信的问题，马克思主义伦理思想也一样，因此尽管马克思、恩格斯没有完整论述诚信原则，但他们也在对资本主义生产方式批判过程中阐述了有关诚信的观念。中国化马克思主义的诚信原则揭示了资本主义社会弊端，并以共产主义社会为目标。由于人类对伦理道德的规定具有社会历史性，一种道德观念的有效性并不见得任何时候都是可能的。比方说，我们要求人向善、行善，但怎样才是"善"却要在具体情况中判断。另外，从人的观念来看，正如弗洛姆说："人的思想和情感产生于他们的个性，而他们的个性则是由他们的生活行为的总和塑造的——更确切地说是由他们在社会中的社会经济和政治结构塑造的。"① 中国化马克思主义在历史唯物主义的视域下谈及诚信问题，涉及诚信在经济领域、政治领域、社会与文化领域的作用与重要价值。

1. 经济领域的诚信伦理

马克思主义的诚信伦理原则起源于对资本主义生产中经济信用的历史唯物主义分析，他认为诚信不仅关乎人的思想意识，更多是属于一种从法律与制度层面规定的义务，生产劳动、产品交换中的"契约"与

---

① ［美］埃里希·弗洛姆. 精神分析与宗教［M］. 孙向晨，译. 上海：上海人民出版社，2006：23.

"欺诈"问题等都在《资本论》中得到深入探讨；另外，马克思也将诚信原则看作市场经济中最重要的经济伦理原则，涉及信息真实、童叟无欺等，由此展开对资本主义生产方式的批判。马克思说："信用作为本质的、发达的生产关系，也只有在以资本或以雇佣劳动为基础的流通中才会历史的出现。"① 这里的信用可以理解为"借贷关系"中的诚信，这对经济健康持续发展而言至关重要。

经济领域的诚信原则是中国化马克思主义伦理思想中诚信原则的基石。以此诚信原则为指导，在我国社会主义市场经济的建设中，邓小平提出"两手都要抓，两手都要硬"的方针，物质文明与精神文明并进，坚持以诚信为道德规范发展市场经济，坚持以诚信思想进行人与人之间的交往等，这些反映出诚信原则与现代市场经济之间的密切关联。

2. 政治、文化领域涉及的诚信原则

这一层面的诚信是马克思诚信原则的中心，马克思、恩格斯强调应对共产主义信仰、对革命同志保持忠诚与信任，从而全身心地投入无产阶级的解放事业当中，这深刻印证了马克思主义伦理思想阶级属性与革命性。作为社会主义国家的开创者，苏联的马克思主义者在继承马克思主义伦理思想的道德理想的同时，根据苏联时期社会建设的具体情况和国情，提出了具有本国特色的马克思主义的诚信原则，也将诚信原则作为共产主义的道德与纪律。毛泽东的诚信思想是马克思的诚信伦理原则同中国具体实践相结合的第一次发展。诚信作为传统思想，在新的历史时期人民的经济建设、政治建设与文化建设的实践中继续发展并获得检验。即使从目的论上来看，为了革命的胜利与解放全中国的目标，恪守

---

① 马克思恩格斯全集：第30卷 [M]. 北京：人民出版社，1960：534.

诚信原则也具有非常重要的意义。

中华人民共和国成立后，几代中国共产党人把马克思主义诚信伦理原则同中国传统文化、中国革命与建设的具体实践相结合，推动了马克思主义诚信伦理原则的中国化。社会主义建设市场经济的过程中，诚信建设的重要地位逐步得到提升，2001 年颁布的《公民道德建设实施纲要》① 提出了"爱国守法、明礼诚信、团结友善、勤俭自强、敬业奉献"的要求。党的十六大提出"弘扬爱国主义精神，以为人民服务为核心，以集体主义为原则，以诚实守信为重点，加强社会公德、职业道德和家庭美德教育"②，以及党的十六届三中全会专门强调"增强全社会的信用意识，政府、企事业单位和个人都要把诚实守信作为基本行为准则"③。将"诚实守信"看作道德素养建设的重点。2012 年，党的十八大报告首次将诚信纳入社会主义核心价值体系。将诚信作为文明的根基，使其在人际关系、社会秩序、治国理政等领域进一步发挥重要作用。

3. 和谐社会建设需要诚信原则

中国化的马克思主义诚信伦理原则也是我们建设社会主义精神文明、构建和谐社会的道德基础。胡锦涛提出"以诚实守信为荣、以见利忘义为耻"，将诚信作为和谐社会的基本特征，进一步强调了诚信原则的重要意义。也正是以诚信的实现作为道德理想，党的十八大报告在社会主义核心价值观中加入"诚信"内容，也是社会伦理规范对接主

① 公民道德建设实施纲要 [A/OL]. 中发〔2001〕15 号文件，2001-09-20.
② 中共中央关于完善社会主义市场经济体制若干问题的决定 [N]. 人民日报，2003-10-21.
③ 中共中央关于完善社会主义市场经济体制若干问题的决定 [N]. 人民日报，2003-10-21.

流价值体系，从而凝聚社会伦理共识的一次尝试。马克思主义伦理思想中的诚信原则对社会诚信建设，尤其是和谐社会建设指导意义重大。此外，诚信原则的实现需要教化与教育。马克思扬弃资产阶级宣扬的"普世"伦理道德观念，从新闻、教育等领域论述了诚信原则，提倡在现实中构建符合共产主义精神文明要求的诚信伦理，从而诚信也是对文化素养的内在要求。对于诚信原则的实现，邓小平强调围绕教育开展诚信意识的培养，并强化法律、规范的监督作用，真正有效杜绝社会诚信缺失现象并促进社会和谐。改革开放的历史经验也证明，在尽可能满足人民需要的前提下，致力于从教育层面发挥制度的积极作用，对社会全体公民的诚实守信品德、遵纪守法意识进行培育，是提高其综合素质的重要手段。江泽民提出"互信"思想，"互信就是以诚相待、言而有信"①。将诚信建设与思想道德修养的培育与社会制度建设结合起来。

正如习近平所言"谋事要实、创业要实、做人要实"，马克思主义的诚信原则既有在规范层面对诚信在经济、政治、社会及文化问题上的义务性要求，也有在精神文化建设、个人修养层面对诚信品德的教化，而这两方面都是由传统向现代转型期的社会所需要关注的。在当代，以信息技术营造出的虚拟社会对人的影响越来越大，个人和企业活动都处于风险增加的环境之中，而法律约束与道德规范的力度都不足，难以依靠传统的方式，如通过立法的强制去规范，约束人，保证每个人都认同、遵守诚信原则。基于此种现实，有必要对"失信"的当代新类型、新表现、新问题加以梳理，为信息时代和谐社会建设与公民素质的培育提供理论支撑与现实依据。

---

① 江泽民. 江泽民论有中国特色社会主义（专题摘编）［M］. 北京：中央文献出版社，2002：549.

（二）尊重原则

在马克思主义伦理思想及其中国化的道德实践之中，"尊重"是为人处世的道德要求中必不可少的高尚品德。因此尊重作为一项基本要求，是中国化马克思主义伦理原则的一部分。尊重原则涉及以下两个方面的问题。一是人应当尊重什么，二是如何实现尊重的品德。

1. 尊重人及其劳动成果

针对第一个问题，中国化马克思主义伦理思想中的尊重意指尊重人的尊严，并尊重人的劳动及其劳动的成果。马克思关于人类劳动、私有财产的论述揭示了人类劳动成果之于人的价值，作为尊重思想的来源与依据。根据佩弗的说法："马克思主义的核心特征就是人的尊严、人作为自身目的这一观念。"① 关于人类的个体尊严可以在马克思所有著作中找到踪迹。根据历史唯物主义，意识领域观念的成因需要在感性的外部世界中寻找。"法的关系正像国家的形式一样，既不能从他们本身来理解，也不能从所谓的人类精神的一般发展来理解，相反，它们根源于物质的生活关系……"② 因此，针对人的劳动及人的尊严问题，马克思认为，人的实践本质决定了人可以且能够享有作为人的各种基本权利，而实践的具体表现是劳动。《巴黎手稿》中马克思认为是劳动确证了人，把人及其类本质显现出来。劳动的成果正是这种显现的结果。"正是在改造对象世界中，人才真正地证明自己是类存在物。这种生产是人的能动的类生活。通过这种生产，自然界才表现为他的作品和他的现实。因此，劳动的对象是人的类生活的对象化：人不仅像在意识中那样

① ［美］R. G. 佩弗. 马克思主义、道德与社会正义［M］. 吕梁山，等译. 北京：高等教育出版社，2010：128.
② 马克思恩格斯选集：第 2 卷［M］. 北京：人民出版社，2012：2.

在精神上使自己二重化，而且能动地、现实地使自己二重化，从而在他所创造的世界中直观自身。"① 因此，作为人的劳动成果的产品，我们必须给予其肯定，即必须对这种外化的劳动给予确认才能体现出人之尊严的价值。马克思认为劳动确证人的本质，给予人尊严，劳动成果是人的能力展现。

2. 如何实现尊重原则

如何实现尊重原则的要求，并成为一个具有德性的人呢。一方面是制度的安排，另一方面是教育的结果。对于私有财产，依据马克思主义伦理思想的观点，并非合乎道德，而是劳动分工这一异己力量的结果。"分工发展的不同阶段同时也就是所有制的各种不同形式。"② 但目前必须承认"私有"的合理性与合法性，清晰界定"产权"，同时推动生产力进步，消除分工造成的人类异化，实现马克思主义伦理思想的"终极善"，充分实现人类劳动自由自觉的本质，也充分实现人的本质。结合中国社会具体情况，毛泽东提出的"中国的地主阶级、资产阶级有财产所有权，他们使大批的人破产，使农民和小资产阶级破产，财产集中在他们手里，他们自己就有独立性、个性和自由，而广大人民就丧失了财产所有权，也就没有个性、独立性和自由，或者是削弱了……"③ 也从另一侧面论证了所有权之于基本人权的重要性。

中国化马克思主义伦理观重视人的尊严，认为人类拥有绝对价值或内在价值，也就是尊严，这是人应当被尊重也应自尊的根据。"尊严就是最能使人高尚起来、使他的活动和他的一切努力具有崇高品质的东

---

① 马克思.1844年经济学哲学手稿 [M]. 北京：人民出版社，2000：58.
② 马克思恩格斯选集：第1卷 [M]. 北京：人民出版社，2012：148.
③ 毛泽东.毛泽东文集：第3卷 [M]. 北京：人民出版社，1996：415.

西，就是使他无可非议、受到众人钦佩并高出于众人之上的东西。"①
而"人民的尊严"提法于 2010 年首次写入政府工作报告。温家宝提
出："让人民生活得更加幸福、更有尊严。"这体现了中国共产党对人
民的一贯尊重。"尊重"一词还越来越频繁地出现于现代社会公共话语
之中。《中共中央关于加强党的执政能力建设的决定》指出："全面贯
彻尊重劳动、尊重知识、尊重人才、尊重创造的方针，不断增强全社会
的创造活力。"②

　　中国化马克思主义理论中涉及的尊重原则，既有物质基础层面的依
据，也有社会主义道德建设对人的品德的要求。在当代随着信息技术拓
展了人的活动空间与认知范围，对知识产权，尤其是网络中资源的产权
问题；人的基本权利如隐私权，尤其是网络隐私权问题；文化冲突问题
等的讨论引起关注。这些也是马克思主义伦理思想应当给予解答与指
导的。

（三）责任原则

　　马克思主义关心全人类的命运并为此而努力，从马克思、恩格斯开
始，其伦理观包含许多关于责任的论述。对责任的通俗理解是"应尽
的义务"，是一种使命感，如"天下兴亡，匹夫有责"。伦理道德领域
的责任又有更高要求，意味着基于一定的伦理原则、规范或习惯的
"道德义务"。可以从以下几个方面理解中国化马克思主义的责任原则。

1. 道德责任起源

　　"利益关系"是道德产生的社会基础。恩格斯说，人们总是从他们

① 马克思恩格斯全集：第 40 卷 [M]. 北京：人民出版社，1982：6.
② 中共中央关于加强党的执政能力建设的决定 [EB/OL]. 人民网，2004-09-19.

阶级地位所依据的实际关系中吸取自己的伦理观念。道德责任也基于这种权利—义务的关系，且马克思主义认为只有享有意志自由的权利才能够谈道德责任，也才应该且能够对道德行为负责任。越是自由，也就越具有自觉的责任感。中国化马克思主义伦理思想中的责任"源于社会物质生活条件和经济关系，是一定生活经济关系所决定的人们之间道德关系的反映"①。这种关系是在现实中，而非抽象意义上才能成立。"作为确定的人，现实的人，你就有规定，就有使命，就有任务。"② 同时，人的行为若涉及道德上的意义，那必须是自由意志的结果。针对工业化大生产中的问题，马克思、恩格斯通过人的劳动异化、工人与机器的关系等提出了人的本质实现问题，其中涉及人的自由意志与责任。"一个人只有在他握有意志的完全自由去行动时，他才能对他的这些行动负完全的责任，而对于任何强迫人从事不道德行为的做法进行反抗，乃是道德上的义务。"③

2. 道德责任是"分内之事"

马克思认为："作为确定的人，现实的人，你就有规定，就有使命，就有任务。"④ 一般来说，作为个体的人无法"英雄主义"地规定所有人，集体的共同的道德才能成为普遍原则。依据马克思主义哲学，对个人而言道德责任有时候会与个人利益冲突，且责任的履行是接受了"他律"的要求。作为一种"付出"，并无法保证得到确定的"回报"。比如，个人对国家和人民尽义务、大无畏牺牲在非常时期是无条件的，需要自觉履行的。因此，毛泽东、邓小平、江泽民都强调党在领导革

① 《伦理学》编写组. 伦理学 [M]. 北京：高等教育出版社，2012：196.
② 马克思恩格斯全集：第3卷 [M]. 北京：人民出版社，1960：329.
③ 马克思恩格斯选集：第4卷 [M]. 北京：人民出版社，1995：78.
④ 马克思恩格斯全集：第3卷 [M]. 北京：人民出版社，1972：329.

命、改革与社会建设中的责任意识和率先垂范的精神。毛泽东在文章中多次提及"责任"，他的责任原则大部分是针对现实需要而对干部、军人提出的要求，如"中国解放区现在已经成了全国广大人民抗日救国的重心，全国广大人民的希望寄托在我们身上，我们有责任不要使他们失望"①。又如"我们的责任，是向人民负责。每句话，每个行动，每项政策，都要适合人民的利益，如果有了错误，定要改正，这就叫向人民负责"②。此外，毛泽东通过高度肯定白求恩医生的国际精神、牺牲精神、责任心与工作热忱表达了中国共产党人应对人民的责任心，对工作的责任感，这也是一种对自觉道德意识的要求，将道德责任当作一种自觉。这种道德责任感和荣辱感将提升人的道德境界，也是人的理性与尊严的体现。邓小平在他的重要文章、讲话和谈话中也多次直接或间接谈到"责任"，"执了政，党的责任就加重了"③，是对马克思主义理论中自由意志与责任关系的思想的延续。胡锦涛提出："要加强责任意识、公仆意识、服务意识教育，引导党员干部理解权力就是责任、干部就是公仆、领导就是服务……"④ 是对党的建设、干部队伍建设中责任原则的强调。如今，处在经济快速发展、技术迅猛变革的时代，个人自主性进一步加强，责任观的重要性也进一步凸显出来。很明显从经济、政治、社会、文化和生态建设中都需要人民的责任意识以及尽到其应尽的义务，因此，对个人行为加以规范和进行个人品德建设都是非常必要的。

---

① 毛泽东. 毛泽东选集：第3卷 [M]. 北京：人民出版社，1991：1092.
② 毛泽东. 毛泽东选集：第4卷 [M]. 北京：人民出版社，1991：1128.
③ 邓小平. 在扩大的中央工作会议上的讲话 [EB/OL]. 人民网，1962-02-26.
④ 中共中央文献研究室. 十七大以来重要文献选编（下）[M]. 北京：中央文献出版社，2013：104.

3. 人有责任建设更好的社会与自我

人有责任建设更好的社会与自我。这也是马克思主义视域下实践精神的体现。马克思的文本中列举了许多资本主义经济繁荣背后，劳动工人的悲惨状态。如纺织业工人、童工、女工被残酷剥削，但是只能接受这种剥削否则失去工作。这种情绪之下酝酿形成的"卢德运动"成为反对新技术的典型事件。当前的信息化、数字化生产中也不乏"机器排斥工人"的人类被动局面，但是不应暴力解决，而是需要真正为自己、为社会负责任的态度与行动的能力。当前，我们之所以关注责任伦理原则，一方面，因为技术发展过快以至于相比之下人文精神失落，亟待解决，实现物质文明与精神文明"两手抓，两手都要硬"；另一方面，在"主体性"日益彰显的信息时代，人类实践也引发了许多从前没有出现的道德难题，需要法律、制度层面的治理，也需要道德层面的引导、教化。

正如芬伯格谈及现代性问题时说，资本主义作为现代性的一种情况："既因为现代化而受到批判，也因为现代化不够而受到批判。"① 马克思也认为，技术异化来带的问题是伴随发展而产生，且将随着技术的进步而解决。这是生产力与技术进步不充分的结果，是新事物本身的固有矛盾。克服这些矛盾继续向前是人类的固有责任，因此本着进化—异化—扬弃异化的路径，人类社会也会继续向前发展。

---

① ［美］安德鲁·芬伯格. 技术批判理论［M］. 韩连庆，曹观法，译. 北京：北京大学出版社，2005：204.

本章小结

　　本章从中国化马克思主义伦理思想形成发展的历史逻辑、中国化马克思主义伦理思想的主要内容等几方面展开论述。中国化马克思主义的伦理思想是马克思主义关于人类社会道德本质及其发生发展规律的理论，是在资本主义社会生产发展与科技进步的推动之下，在无产阶级和人类解放的实践中，适应时代的需要而产生，并在人类道德实践中不断地得到丰富和发展的现实世界的道德准则。中国化马克思主义伦理思想可以看作在伦理学的视野中对中国化马克思主义理论进行认识与解读，也是中国化马克思主义理论对人的类本质呈现问题、人与人的伦理关系问题和社会伦理秩序问题的系统归纳与总结。

　　中国化马克思主义伦理思想是普遍性与阶级性的统一，是历史性与开放性的统一。具体地说，中国化马克思主义伦理原则包括：集体主义伦理原则、公正原则、马克思主义的人道主义伦理原则；诚信原则、尊重原则、责任原则。

第四章

中国化马克思主义伦理思想与
信息伦理的关联

深入理解中国化马克思主义伦理思想的内涵，需将其与我国人民的行为方式与社会秩序的变化趋势相结合，这是由马克思主义理论的科学性与开放性决定的。而谈起变化，无外乎经济社会的发展及由此导致的人们具体生活方式、生活状态的变化。科学技术是经济发展与社会建设中最活跃的因素，尤其信息技术产品与信息传播技术的发展轻易地影响到每个人。由此，作为上层建筑的伦理道德问题也与信息技术相互关联，也就是说，随着信息技术发展，信息时代优良德行的标准与良好社会的准则也可能发生变化。

第一节　中国化马克思主义伦理思想是
现实世界的道德准则

马克思主义视域之下，伦理道德问题被视为一种社会历史性存在，作为意识形态的一种，是特定时代的产物并反映着特定的社会存在。因此，马克思主义伦理思想立足于历史唯物主义的科学性之上，并超越了形而上学的论证模式，关注现实利益问题，强调阶级社会中道德的阶级性，并从实际社会生活中找到了生产方式这一伦理存在的前提性、基础性因素。总的来说，马克思主义伦理思想是对人的类本质的伦理实现、人与人的伦理关系、良序社会的伦理原则等问题进行系统反思的学问。从内容上看，马克思主义伦理思想在实然层面是个体德性与社会伦理秩序的事实；在应然层面，马克思主义伦理思想也需继续承担引导人类进行正确的道德选择，并塑造社会优良道德风尚的任务。

从社会秩序的构建角度，马克思主义伦理思想的重要内容之一即是人类社会秩序的良好，认为良好的社会秩序是社会成员道德地生活从而更加幸福快乐的前提与基础，也是社会整体运行与发展的重要保证。所谓的社会秩序即是一种"伦常""伦理"，对于每一个个体而言应该说是先天的、保守的、既定的规则，是个体所无法改变而只需要遵从的。如柏拉图就将"正义"定义为协调有序与各司其职。古语"伦常乖舛""德不配位"则有"立见消亡"的危险，也是强调遵从伦理道德原则的必要性。而伴随着经济、政治、文化、社会的多元与开放的现代化进程，人类生产生活越发密切地关联在一起，尤其是"网络社会"这一虚拟空间，对于秩序的需要可谓非常急迫。信息技术的便捷已经将全世界变成了一种"网络"，并不仅仅是坐在计算机前才是处于网络之中。不论是虚拟社会还是现实社会，正如哲学家努斯鲍姆（Martha Nussbaum）所言，每个人都承认自己的脆弱并需要他人。如今自给自足的传统生产方式越来越少，工业化、城市化令社会分工越来越细，由此导致人的关系在情感上越发疏离，却又在物质层面紧密依存，由各种关系构成的社会公共生活的质量对于每个人的生活都至关重要。

马克思从黑格尔的"市民社会"中汲取灵感，强调国家与个人的辩证统一关系，通过对共产主义社会的谋划实现了对资本主义社会的批判。"对人类崭新文明形态及其伦理生活样式的谋划，就是对资本文明形态及其所控制下的人类存在方式的批判和超越。"① 中国共产党人将马克思主义理论与人民的道德活动相结合，创造性地实现了中国的马克思主义伦理思想，通过对集体主义、公平正义问题及人道主义的阐释，确立了中国特色的集体主义伦理原则、公正原则、人道主义原则等，致力于构建道德良好的社会，也是社会成员实现幸福的前提和保障。因为除去科技发展、基础设施等硬件系统提供的现代化、高效率的可能性，更重要的依靠是人类彼此间的有效合作，也即各"软件"系统的融洽。从这个意义上，中国化马克思主义伦理思想关注人与人进行社会合作所应当遵循的伦理价值标准，关注人与人之间社会关系的协调，关注人类社会实现"合伦理"地运行。

从个体德性角度，"道德"标志着人在何种意义上超越了动物，在一定程度上成为文明的存在。因此对于每个独立的个体而言，其社会性与道德性缺一不可。一方面，个人道德是社会道德规范对个体的塑造。另一方面，也是个人自我实现的重要一步。正如科尔伯格（Kohlberg）提出道德思维能力是内在于个体身上并随个体的成熟而发展的，并非只是社会进行灌输的结果。作为个体的社会成员，其道德品质的高低程度是他作为理性存在，对更高的自我实现的需要。马克思伦理思想是对传统与现代冲突过程中社会个体逐步分散为"原子化"存在的深刻描述，是传统伦理失落、现代伦理建构过程中人们道德失落与价值重建的全面

---

① 高广旭. 论马克思伦理学的理论形态及其当代意义 [J]. 道德与文明, 2015（1）: 60.

分析，是对现代道德中伦理主体与伦理实体多元、分裂本质的深刻指认。尤其从当前建设社会主义现代化与信息化的目标来看，作为个人品德的伦理问题显得更为重要。我国的马克思主义者通过对诚信问题、人的尊严与相互尊重问题及诸多个人应负的责任与义务问题的阐释，确立了中国特色的诚信伦理原则、尊重伦理原则、责任伦理原则等，致力于为公民的行为提供行为规范与道德准则。

总之，马克思主义伦理思想不仅回应了每一时期社会出现的各种道德难题，也为我们解决当前社会的各种问题提供了一种宏观上和总体上的伦理标准与评价框架，同时作为"这个社会在文化方面合法性与稳定化的手段，是在功能上为既定的生产方式的手段"①。不仅能够为人类如何道德地生活确立价值目标，同时也为社会物质性实践提供充分的精神动力。中国化马克思主义伦理思想一方面在社会共同体层面对"伦理共同体"进行设想，求问良好社会秩序的实现途径，另一方面在"社会个体"层面提示了人如何实现自我完善。两者都肯定了人、尊重了人，为人的自我实现创造条件，两者的目的都是人的自由全面发展即"类本质"的实现，这一目的也即共产主义式的道德理想，是马克思主义伦理思想的"终极善"。

---

① ［加］凯·尼尔森. 马克思主义与道德——道德、意识与历史唯物主义［M］. 李义天，译. 北京：人民出版社，2014：48.

第二节 中国化马克思主义伦理思想与
信息伦理思维方法的内在一致性

不论是自然科学领域还是人文社会科学领域，思维方法都是通向真理的桥梁。但是与自然科学求"真"不同的是，人文科学的研究对象是人与社会、人与人的关系等。这些关系皆是"利益关系"的归纳与表达，其中包含着大量复杂的价值判断，因此不同的研究者即是从同一前提出发也可能有不同的结论。尽管马克思主义伦理思想与信息伦理的问世时代不同，我们仍然可以发现两者在思维方法上存在的一致性。

一、关注人类共同体的整体性思维方法

信息伦理与马克思主义伦理思想的伦理旨趣内在一致，马克思将其概括为"每个人的自由发展与全面解放"。这一方面体现了马克思对全人类的整体性关注，另一方面也是摆脱异化后人之类本质的真正展现。信息伦理同样将这一目标作为"终极善"。由于信息化生产方式的出现与进步是现代化进程的一部分，在工业社会向后工业社会（在很大程度上是以信息技术为代表的）过渡的这一进程中，信息伦理从关心技术本身延展到关心人类的社会生存方式，并始终关注人类主体性的发挥。尤其是在人工智能的"技术性风险"日益凸显的现时代，生发出人的自我认知问题、负责任创新问题、人与智能机器的道德责任分配问题……可以说信息技术引发的伦理危机早已超越产业的边界、国家地域边界，成为全球、全人类共担的未知风险。如不能妥善处理，信息伦理

危机也不仅关涉个体的权益和小范围群体权益，而很有可能产生威胁到人类社会根本利益的后果。因此，信息伦理的伦理主体是"人类"这个整体，这种"人类命运共同体"的主体性思维印证了马克思主义伦理思想以"每个人类本质的全面展现"为出发点和落脚点的理论旨趣。

二、超越形而上学的辩证思维方法

马克思主义伦理思想源于马克思对启蒙理性的认识与批判，尤其是早期的马克思文本，同康德的义务论伦理学一样，由人性及其弱点推及人性的不完善，并将宗教与"道德完善"联系在一起，从先天法则中寻找道德行为的尺度。随着马克思、恩格斯及其后继者研究的不断深入，马克思主义伦理思想超越了单纯的"道义论"思想，认为"把个体善良意志的实现以及它与个人的需要和欲望之间的协调都推到彼岸世界"① 的"善良意志"与"现实利益"的冲突无法解决。从前一切道德"都由当时的物质生活条件决定，都是当时的社会经济状况的产物"，即道德不仅具有普遍性也更具有特殊性，社会伦理的标准取决于统治阶级对他者的道德约束要求。

信息伦理作为一种源于技术伦理并超越技术伦理视域，从而作为社会层面和人的发展层面的伦理思想体系，同样是随着物质的发展而处于不断建构过程中的理论体系，过去称之为道德标准的、被推崇的原则在未来很可能被打破而不再正义。因此，信息伦理也是伦理的社会性、历史性而非先验性的表征，并再次证明人类在伦理道德领域的原则不仅不是必然的、既定的，而且是开放的、不断更新的。由此也印证了马克思

---

① 马克思恩格斯全集：第3卷 [M]. 北京：人民出版社，1960：211.

主义伦理思想的观点："'真道德'不单是'解释世界'的道德，更是唤醒无产阶级及劳动人民'改变世界'的道德，是对抗不道德的道德。"①

三、消除"人—社会"实体对立的关系性思维方法

正如布尔迪厄认为关系型思维方法是结构主义对社会科学的主要贡献。实际上我们"不是通过实体，而是通过关系来识别现实"②。马克思在《1857—1858年经济学哲学手稿》中写到，社会并不只由个人组成，他还体现着个人在其中发现自己的各种联结和关系的总和。在马克思那里，研究主题除了单一的实体——人，单一的整体——社会，还有人与人的、人与各种共同体的、人与社会的关系性的角度。正是在人与人的不公正、不平等关系中马克思发展了他的伦理思想，并尝试提出真正道德的共产主义社会的应有样态。可以说，关系主义是马克思主义伦理思想的方法论。以马克思主义为指导思想并借鉴苏联的社会主义革命与建设经验，中国化的马克思主义伦理思想的出发点也是人的关系，"消灭剥削，消除两极分化，最终实现共同富裕"正是为平等的经济关系、平等的伦理秩序而努力。

从思维方法上看，信息伦理也是"关系主义"的。对于构成网络的每个节点——作为信息终端的人而言，组织与关联的结构也即网络中人与人之间可能发生的关系。比起前信息时代，关系在信息时代成为比人本身更为重要的，或者至少是同等重要的存在。人作为信息网络中的一个要素，在关系结构中进行着信息的生产与传播。这一思想与马克思

---

① 于希勇.马克思恩格斯伦理思想方法研究［D］.上海：复旦大学，2014.
② 宫留记.资本：社会实践工具［M］.开封：河南大学出版社，2010：87.

主义伦理思想不谋而合，正如梁漱溟曾说，"人生实存于各种关系之上，此种种关系，即是伦理"，信息伦理的方法也超越"整体主义"与"个人主义"的二元对立，以关系主义的方法看待信息时代的社会种种伦理事实。从这个角度，马克思主义伦理思想在信息时代仍然具有解释力与引导力。

第三节　信息伦理印证了中国化马克思主义伦理原则的科学性

马克思主义伦理思想的基本原则源于社会经济发展状况，并与人民的道德实践紧密相连，既是人类共同拥有的道德准则，也是基于国情的精神追求。这些伦理原则在实然层面是个体德性与社会伦理秩序的事实。在应然层面也需要与时俱进，在未来继续承担从意识形态领域指导人的道德选择与塑造社会道德风尚的任务。

一、信息社会秩序与现实伦理原则相统一

马克思主义伦理思想中关于社会伦理和个人品德最重要的伦理原则，在信息文明的视域下来看，同样是最重要的伦理原则。当然，这些原则并不能为社会治理的每项措施都提供有效依据，也无法为每个人面对各种具体情况时提供足够的指导，甚至成为自由行动的一种约束，但是我们却应当理解，原则并不是绝对的更不是教条的，它们只是提供了一个普遍的伦理道德层面的价值标准。

首先，"共识性伦理"印证了只有在集体（集体意识）之中，人才

有所归属，有所依靠。信息时代的共同体关系得到了延展与分散，甚至个体因信息架构的网络"存在"或"不在"集体之中而造成不确定性增加，也因此集体意志的效力有所弱化，这种信息时代的失落与失范对社会凝聚力的维系和国家的治理提出了新的挑战。集体主义作为维系"人与人的联合体"的伦理原则，在信息文明的语境来看同样是良序社会最为基本的伦理原则，且较之前信息时代更加重要。其次，"信息公正"印证了"公正"作为社会主义国家最大的善的科学性。作为一贯的奋斗目标，信息技术在提高生产效率、居民生活效率的同时加剧了两极分化趋势，扩大了信息鸿沟，与共同富裕的期待相悖，因此信息时代也需要遵循马克思主义伦理思想的主旨要义，特别关注公正伦理原则的内涵。最后，信息时代的人道主义体现为"自由意志的信息化拓展"与克服"信息异化"，也即获得"信息自由"，即现实世界中也有"人权"，获得经济上、政治上、人格上的独立，获得身体与精神的双重自由，令人的本质全面实现。信息自由作为信息时代人的体现，是基于马克思主义对人的期待与对社会伦理秩序的要求，同样印证了马克思主义伦理原则的科学性。

二、信息道德意识与个体道德行动相统一

个人道德行为对信息道德规范的遵守和信息道德意识，在信息时代同样重要，缺乏他律性将败坏品德，而缺乏自律更与信息文明要求具有高信息素质的人相悖。马克思主义伦理思想中个人品德建设的最重要伦理原则，信息伦理同样关注，甚至将其看作更重要的内容。第一，网络社会诚信道德观的构建本身就是社会诚信价值观建设的重要内容，是理论在信息时代的拓展与完善。信息介入人的生活这一事实，在反映时代

特征基础上为诚信伦理原则的与时俱进注入新的活力。我国社会的诚信观念，特别是在信息环境中诚信观念还有待提高。构建信息时代的诚信伦理原则是所有"个人品德"建设中最基础的内容。第二，信息时代的尊重是对马克思主义尊重伦理原则的引申与自觉运用，马克思主义伦理思想及其中国化的道德实践中，"尊重"是为人处世的道德要求，马克思主义的尊重原则包括尊重人的各项权利，尊重人的劳动、贡献以及尊重人的人格、能力等。信息时代的隐私权、知识产权问题尤其突出，与前信息时代相比，应着重加以关注。第三，信息时代提倡的责任伦理是对马克思主义责任伦理原则的解读和赞同，马克思主义本身内蕴着对人的自我完善的深切责任意识，因此认为理论有解放人、鼓舞人、塑造人的功能。信息时代的责任强调人的意志与主观能动性，人有责任"成为人"，人有人的用处。这是对马克思主义科学的责任伦理观念的追随。

从基本内涵来看，信息伦理与马克思主义伦理原则的关注重点、基本内容是相融、一致的。从上述信息伦理与马克思主义伦理原则的比较中也可以看到，信息伦理的内容被分解、融入马克思主义伦理原则之中，且信息伦理原则充分体现、深化、具体化了马克思主义伦理原则。

第四节　中国化马克思主义伦理思想需要信息化拓展

将马克思主义伦理思想放置于信息文明的阐发空间、作用范围和问题域之中，我们将会意识到中国化马克思主义伦理思想是"现实世界"的道德准则，而它与作用于"虚拟世界"的信息伦理在研究内容上具有一致性，在思维方法上存在一致性，并能够互相印证其价值与科学性，因此可以说二者具有关联性，而中国化马克思主义伦理思想也存在信息时代发展的必要性与可能性。

信息伦理对人及其存在方式的表达逐步系统化、中国化马克思主义伦理思想不断时代化。将两者结合起来思考的必要性在于：第一，信息时代的语境下中国化马克思主义伦理思想会有怎样的具体发展？第二，在马克思主义视域之下，信息时代的伦理原则该有怎样的具体论断？这两者又统一于一个问题，即信息伦理对中国化马克思主义伦理思想的拓展有哪些呢？马克思主义伦理思想能否在信息时代中获得更加强大的生命力呢？作为人类社会文明的结晶，马克思主义伦理思想是历史性的、开放性的。正如恩格斯所强调的，并无法合理地证明世界上存在一套永恒的伦理原则，我们所发现的也是出于变化发展过程中的真理，因此并非是"终极真理"。事实上人类社会的不同时代本来就存在不同伦理道德标准。每一个具体的时代都必将赋予"应当"以具体的内涵，这种"应当"又必然随着社会发展而不断地自我否定，自我超越。文化的多样性必然造就差异性的伦理观，而依据尼尔森的"语境主义"方法论看来，"如果道德原则是永恒的，那么它们就必须适用于一切可能世界的一切可能社会，而无论人类的本性和人类的需求会变成怎样。而道德公理没有做出这种超验的、普世的断言，它仅仅声称适用于这个世界，适用于当前的人类"①。因此马克思主义是开放的理论，而不是教条主义。

同时，这种开放性也决定了马克思主义伦理思想存在拓展的可能。

---

① ［加］凯·尼尔森. 马克思主义与道德观念——道德、意识与历史唯物主义［M］. 李义天，译. 北京：人民出版社，2014：14.

尤其在新时代的伦理价值观尚未健全，尚待获取普遍认同的背景下，探索并建构一种具有现实解释力和价值约束力的马克思主义伦理思想的新发展，从人类共同体的利益出发，立足于人类社会整体的存续与繁荣，也定然是可以合理期待的。正如恩格斯曾经指出，传统是一种巨大的阻力，是历史的惰性力。那么在信息时代对马克思主义伦理原则进行新的拓展将是历史发展的动力。

马克思主义的伦理思想是伦理思想史上一次伟大飞跃，它使得伦理道德观念超越唯心主义历史观，奠定在辩证唯物主义与历史唯物主义基础之上，改变了道德作为统治阶级服务工具的历史，也与社会彻底地结合在一起，从而准确地表达了劳动人民的利益和要求。马克思主义伦理思想不是书斋学问，而是紧密联系社会现实并与经济秩序、政治思想相适应的，从人的根本利益出发并全心全意为着人本身的学问。正如张岱年提道："道德不仅是思想观念，而必须见之于实际行动，如果只有言论，途事空谈，言行不相符合，就不是真道德。古往今来，不但有伦理思想，而且有伦理实际。伦理实际即个人的品德风范和社会的道德风尚。研究伦理思想要将思想和当时的伦理实际结合起来加以全面的考察。"① 信息时代中国化马克思主义伦理思想存在有其合理性，信息伦理的发展从中国化马克思主义伦理思想中获得了有益的启发，中国的信息化进程也需要有中国气派的伦理理论作为指导。

具体而言，第一，已有的伦理学理论，主要是信息伦理学的理论对中国化马克思主义伦理思想有何贡献和可借鉴之处。第二，在时代变化、从工业文明到信息文明的社会转型过程中，马克思主义伦理思想有

---

① 张岱年．中国伦理思想研究［M］．北京：中国人民大学出版社，2011：3.

什么样的新变化、新拓展。第三，根据信息伦理提供的新思路、新方法，在实践中探索、构建适合信息时代发展并能指导我国信息文明建设的马克思主义的伦理规范与道德准则。针对这些问题，我们需要将马克思主义从经济社会视角入手的宏观方法和社会行为分析的微观方法合理结合起来，使得论证既有学理性，也不脱离实际问题。更重要的，需要厘清马克思主义伦理思想及其中国化的进路和发展的走向，把握当今信息技术催生的虚拟社会对伦理理论的影响。此外，还需仔细斟酌、确立关于"个人全面发展与获得终极自由"与关于"社会与国家进步"的重要伦理观念并进行展开，探讨其在信息时代有何种新的变化。最后，面对中国信息化进程中的各种伦理问题，值得讨论的还包括其应对之道。

本章小结

信息伦理作为一种现时代的伦理理论，对人与社会发展有重要的作用。当信息时代的伦理原则准确体现了人们的各种精神诉求，并成功地引导了人之生存与社会发展，人类文明也将进入到更高一个阶段；反之，倘若信息时代伦理原则落后于社会现状与人的需要，就会出现道德价值困惑甚至精神层面的矛盾冲突，也必然对经济社会发展造成干扰。通过分析信息伦理与中国化马克思主义伦理思想，我们越发发现二者可以结合起来思考。这就需要我们在马克思主义的视域下关注信息伦理，同时关注信息技术进步对社会与人的存在方式的塑造这一现实过程将对中国化马克思主义伦理思想有何种新拓展。

　　一方面，技术建构了人与社会，信息伦理从关心技术本身延展到关心人类的生存方式；另一方面，马克思主义从批判资本主义社会化生产方式开始，立足于人的自由、人的发展问题而展开，有着广阔而深远的理论根基。可以说，中国化马克思主义伦理思想的信息化探索相对于一般信息伦理，对我国而言更有针对性，此外，中国化马克思主义伦理思想作为我国人民的道德准则，也应当用信息伦理的视角和视野，用信息时代的文明高度来解读和领会，同时更应加入新技术推动下生产力发展的因素，思考中国化马克思主义理论在新时代的适用性。总之，中国化马克思主义伦理思想不仅是传统社会的伦理学理论，也应当对信息时代的人类生活有所助益。

第五章

信息秩序：马克思主义视域下良序社会
建设的新伦理原则

前文已经陈述过，从伦理主体角度看，人以"个体"与"共同体"的方式存在，且这两方面彼此紧密依存，互为条件。本章拟从社会共同体的伦理角度来考察。信息时代的社会伦理秩序可以看作是以人际关系为中心的信息活动的秩序，即信息秩序。那么信息社会的治理原则包括：集体主义原则、公正原则、人道主义原则等。对马克思主义伦理思想而言，有关良序社会伦理建设的伦理原则也应在信息环境下具体地考察。

第一节　信息共存：信息时代的新集体主义

集体主义调整人与集体之间的伦理关系，规定了人应当如何处理个人利益与作为集体成员的义务之间的问题。学界目前也普遍支持集体主义是无产阶级的世界观，也是共产主义道德的核心部分。对我国而言，集体主义伦理原则是社会主义精神文明的重要标志。现代社会中由于技术、资本流动性增加，群体的分化与整合也变得迅速，这一特征使我们熟悉的"集体"概念与对于"集体伦理"的界定变得模糊。作为马克思主义与社会主义理论体系内一种重要的伦理原则，集体主义需要得到关注；作为社会的一部分即"共同体成员"的人类，也应当思考在信息时代如何处理要求自治、要求独立却倍感孤独的自我与共同体的关系。

一、传统社会共同体与集体主义伦理原则

理解作为集体主义价值观物质基础的"集体"是准确把握集体主义科学内涵的前提。不论是被动接受或是主动选择，出于谋生等生存发展需要的人类以居住于一地、拥有共同目标或者同享一套社会规范的方式逐渐成为相对稳定的共同体，而在社会生产力不发达情况下借由协作劳动获得物质生活资料也是必要的，从这个意义上集体就是"个人的联合"。马克思说"人最初表现为类存在物，部落体、群居动物"，不论是出于利益的考虑抑或情感需求，稳定的集体是人们关于美好生活的期待，如国泰民安、家庭和睦等词汇饱含个体对集体秩序稳定、社会和谐的向往。通过对"真实的集体"与"虚假的集体"的辨析，马克思又指出并非所有的集体都能给予人全面发展的空间，如"作为某种独立的东西而使自己与各个个人对立起来的"集体是虚假的，"不是作为个人而是作为阶级的成员处于这种社会关系中的"集体也是虚幻的，只有实现了"控制了自己的生存条件和社会全体成员的生存条件"方能作为真实的集体并成为个人自由发展的舞台。

根据马克思主义对集体主义的解释，集体是一种人与人经由一定利益关系进行的组合。不论是早期被动接受到形成个人自由发展的联合

体，集体行动自人类一出现就开始了。一方面，出于谋生与居住等生存发展的需要，人类必然要集中到一处，以集体的方式生活。革命年代、战争年代，集体的重要性不言而喻，即使是和平年代，生产力极其低下，集体生活也是重要的。另一方面，集体也使得个人在其中获得存在的合法性，让个人意识到自身存在的价值与位置，形成一种凝聚力与归属感，这是人作为社会性动物的基本需要。韦伯指出："如果并且只要社会行动——无论是个别情况、一般情况还是纯粹类型——的取向是基于各方同属的主观感情，这种社会关系就可以叫做"共同体"关系。"① 滕尼斯（Ferdinand Tonnies）认为共同体建立在自然情感的基础上，与个人的一切紧密相关联。例如，我们熟悉的部落、家庭等借由血缘与地缘关系组成的共同体。涂尔干（Durkheim）则认为，现代劳动过程中的分工带来了社会整合，且以这种整合为基础的"现实社会"与作为道德共同体的"理想社会"，都是一种道德现象，一种社会秩序。以上两种，无论是通过塑造形成的"礼俗社会"，还是由分工进化而成的"法理社会"，最终都指向一种整合，一种集体形式。可见，对于个人而言集体的必要性一方面在于情感需要，一方面是出于共同牟利的需要。既然集体的出现源自个人对共同体关系的需要，这就天然地赋予了集体一种引领性与权威性，集体中的个体必须对"集体的意志"进行妥协。

历史唯物主义视域下，不同社会发展时期集体构成方式的差异决定了集体主义内涵及其表现形态的历史性。有学者将中华人民共和国成立以来我国集体主义的实践形态划分为集体主义衍生、集体主义理想化与

---

① [美]马克斯·韦伯. 经济与社会：第1卷 [M]. 阎克文，译. 上海：上海世纪出版集团，2010：132.

集体主义的理性回归三个阶段，分别对应于革命、社会主义建设的探索，改革开放与现代化建设三个历史时期。① 基于对集体主义的传统理解并以生产关系为基础对集体主义发展演变的历史，是从经济社会形态角度理解集体，而科学技术对人类生活影响越发深远的时代，我们理解社会形态不仅应考虑其经济形态，还应关注技术形态，即也可以从"农业社会—工业社会—信息社会"的技术社会形态角度理解人与集体的关系和集体主义的科学内涵，以经济和技术的双重维度更清晰地阐释集体主义。农业社会中人类囿于土地、宗族的限制，生存和成长处于相当稳定的集体中，集体主义提供了一套行之有效的依托于封建宗法的社会伦理规则和社会组织结构的构建方式。工业社会以来，技术与分工赋予集体新的内涵与外延，集体主义精神为世界范围内的无产阶级革命，特别是我国的工业化建设与改革凝聚了强大的社会力量，也难免在实践中受到专制主义、极端个人主义等思潮的冲击和挑战。进入 21 世纪后，伴随信息技术进入网络时代的人们展开了新的生产方式、生活方式和交往方式，包括共同体建构在内的社会组织形式面临着阐释框架的更新，道德理念与经济基础的互构关系也导致集体主义面临被重新定义和理解的状况。在某种程度上关联并不紧密的"信息共存"方式构成了人们生产和生活的空间，此种现实也提示我们对集体主义的效用加以反思。

不难发现，从古至今"共同体"也是人们关于美好生活的重要期待，不论是国泰民安还是家庭和睦，都暗含着个体对集体秩序稳定、社会和谐的需要，这也生发出一种集体意识。因此尽管内部必然存在着分工、身份、观念的差异，这种对于共同体的肯定却一直存在。如涂尔干

① 吴春梅，林星．集体主义的衍生、理想化与理性回归 [J]．武汉大学学报（哲学社会科学版），2016（9）：11-16.

所言："正因为分工需要一种秩序、和谐以及社会团结，所以它是道德的。"① 当这种对和谐、团结的需要过于强烈，也或许是出于具体目的建构而成，集体意识都可能上升为一种道德观念和伦理原则：集体主义。

在价值指向性上，集体主义始终是理想对现实、价值理念对既有实践的引导和批判，集体主义为社会力量的组织提供了道德规范，亦为人之社会化生存提供目标和指向。不论何时集体主义的价值指向性都是确定的，都是对人的感性生活及其社会关系的价值导引。因为集体行动的前提是人们的共同生活体验所形成的价值共识，而这种共识恰是集体主义道德建构的观念保障；另外，在规训个体的过程中，集体主义又提供了维持社会稳定的伦理秩序，让所有集体成员与组织紧密地关联起来确认其身份和存在感。特别对我国而言，集体主义思想是社会发展的重要价值原则，如"国而忘家、公而忘私""舍小家、为大家"等传统价值观念都体现出强烈的集体利益高于个人利益的群体意识。中国共产党自成立之日起就确立了集体主义的主导价值原则，并依据其特定的时代内涵有效地指导了中国的革命、建设与改革的实践。

集体主义伦理原则要求伦理共同体的成员以个体权利向社会共同权利让渡，个体通过追求共同利益来保证自身利益也获得实现。就如同《礼运大同篇》曾提出"大道之行也，天下为公"，这种"为公之心"可谓集体主义的设想。如"既不拿利己主义来反对自我牺牲，也不拿自我牺牲来反对利己主义"，又如涂尔干所言："每个人内在地尊重道德法则，社会实行德治，人人成就德性。全体的幸福源自大家的德行，

---

① [美] 埃米尔·涂尔干. 社会分工论 [M]. 渠东，译. 北京：生活·读书·新知三联书店，2000：27.

每个人就是他自己及他人的福祉的创造者。"① 这与黑格尔认为的"只有在伦理共同体中人才能实现真正的自由"这一论述中体现的个人同国家的内在关联相类似。在这种情况下，集体中的个人有义务为组织的整体性目标奋斗，舍弃小我。集体也被视为一个道德主体，由于集体的权威性，甚至可以完全覆盖或代表集体中个人的利益，因此集体也应对其成员负有重要的义务。

以上是在一般的意义上谈及共同体与集体主义，正如我们谈论"人"的行为，并非指某个具体的人，而是抽象意义上的人及其共性。但是在社会实践中我们会发现，对于不同的集体而言，其作用价值或责任义务并不相同，无法一概而论。人是现实的人，集体也同样有不同的范围。传统意义上我们谈到国家、民族、单位、部门、家庭或其他都可称之为"共同体"或者"集体"。不论哪种原因形成的集体，最重要的秩序与伦理应是团结与统一，才能保证集体与成员的利益实现。苏格拉底曾说："对于一个国家来说，还有什么比闹分裂化一为多更恶的吗？还有什么比讲团结化多为一更加善的吗？"② 当然，团结需要前提和条件，比如，封建社会时人们对礼教的服从，或者西方对卢梭"制度"意义上的"契约"的遵守。如今，我们却发现这种既定秩序出现了松动，与过去相比，传统的集体道德约束力或许不再强烈。

二、信息时代的新型"信息共同体"

首先，集体的范围、规模在信息时代被拓展。传统社会中限于人们

---

① 黄显中. 康德德治观引论 [J]. 求索，2002（2）：76.
② [古希腊] 柏拉图. 理想国 [M]. 郭斌和，张竹明，译. 北京：商务印书馆，1986：199.

交往手段有限，由地缘关系构成的社区、家族共同体是人的主要活动范围，随着通信和交通的发展，地域对共同生活而言，越来越不具有必然的限制。城市内跨区域、跨市，甚至跨省工作和生活越来越普遍，而相隔千万里的人通过各种传播技术，很容易就可以发生联系。反而是住在同一楼的邻里之间，却可能见面不相识，甚至还可能产生矛盾。总之，人口的高流动性导致传统集体的建构方式逐渐改变，地域不可能再作为形成集体最重要的因素。这也是社会学家涂尔干试图将"职业群体"作为现代社会新的伦理载体的原因。然而事实是怎样呢？

在信息技术推动下现代社会出现了新的共同体模式，其中的伦理约束并不强烈。职场是一个典型的例子，未来学家托夫勒对未来的描述已经成为现实："明天的技术系统的特点是速度快，变化大能自我调节，机器负责处理物质流，人负责处理信息流和见识流。机器只承担例行性任务，人则承担智力性和创造性的任务。机器和人都不再集中在大工厂和工厂化的城市里，而是分散在世界各地，通过灵敏度极高、反应极快的通信系统互相联系。人们不再在工厂或集体办公室工作，而是在所在地区和家里。"① 如今，信息化提供了弹性制工作与远程办公的可能性，SOHO 一族（Small Office，Home Office）并不在公司内部办公，而在家里或者任何自己喜欢的地方用互联网进行工作。"据美国消费电子协会的报告，美国有 37%的工作人员一个月至少有一天远程办公。"② 另外，人力资源服务公司 Kelly Services 的全球劳动力指数（KGWI）调研也发现"在全球范围内，有超过四分之一的受访者（29%）表示，每周至

---

① [美] 阿尔温·托夫勒. 未来的冲击 [M]. 孟广均，吴宣豪，黄炎林，译. 北京：中国对外翻译出版公司，1985：350.
② [美] 迈克尔·J. 奎因. 互联网伦理 [M]. 王益民，译. 北京：电子工业出版社，2016：430.

少有部分时间采取远程办公的方式"。我国也同样出现了此类办公模式，"来自 AC 尼尔森大中华地区的资深总监徐欣在接受《第一财经日报》采访时表示，尼尔森就已经有相当比例的员工实行远程办公"①。这种方式的好处显而易见，更节省集体运营成本，专业人士也提高了效率，没有把时间浪费在上下班的路上。但不能忽视的是，这种散漫感会影响到企业对员工的约束力，也将难以开展团队活动或者传递集体主义的道德观。另外，一种类似的信息共同体是"临时共同体"。商业竞争压力导致许多公司，尤其是互联网公司稳定性差，为提高灵活性，许多企业雇用临时工或者外包业务，员工无法指望公司给予长期的许诺，而只能依靠自己。由此也生发出"个人主义"或者"自由主义"来处理人与人的关系、人与集体的关系。流动性强，失业风险高，在这个不确定性的社会中，与过去"企业负责养老"的大锅饭时代相比，个人的集体责任感与集体归属感都极其不足。如马克思所言："在这个自由竞争的社会里，单个的人表现为摆脱了自然联系等等，后者在过去历史时代使他成为一定的狭隘人群的附属物。"②

不能忽视的是另一种重要的集体的出现——不妨将其称为"信息共同体"。例如，各种网络社区、朋友圈、讨论组等由于临时起意、兴趣爱好等需要建立的各种"圈子"。或许由于个人在高度流动的社会中需要建立新的归属感或精神寄托，也或许由于各种利益关系，总之它们是存在于虚拟世界的，很可能彼此匿名，联系松散且草率，很可能不再出现。因此信息共同体在某种程度上更像是符号的共同体、意愿的共同

① 虚拟现实远程移动办公：未来的工作方式已经到来［EB/OL］. 搜狐网，2020-02-02.

② 马克思恩格斯全集：第 12 卷［M］. 北京：人民出版社，1998：733.

体，它满足了人类对于交往的精神需求。因此这种类型的集体约束力与权威性与传统的集体完全不同了。信息共同体中的个人是相当自由且独立的个体："个人不再被湮没在普遍性中，或者作为人口统计学中的一个子集。网络空间的发展所寻求的是给普通人以表达自我需要和希望的声音。"① 尽管可能仅存在于计算机屏幕背后，并不干涉现实日常生活，但是随着人类日常生活的信息化、网络化，这种共同体的影响与效用很可能从网上延伸到网下，在虚拟世界中个体获得的自由极度扩张与集体主义道德观念的无力，也必然影响到人的现实生活与交往。

通过以上对共同体及其伦理的分析，我们发现信息时代个人与集体的关系较之过去的矛盾在于：第一，从经济领域看，市场经济追求效率的需要导致有些集体不确定能保障个人利益甚至剥削个人利益，从而成为"虚假的共同体"，个人与集体无法实现共同利益，心甘情愿的道德付出也无从谈起。第二，个人对自我权利的要求增多了，不论是物质方面或者精神方面。在这种情况下，马克思主义"真实共同体"的构成要件"拥有自主性"的人实际上是"过度自主"了，这种情况下的信息共同体也显然不同于以往的集体。如伦理学家齐格蒙特·鲍曼（Zygmunt Bauman）在《共同体》一书中认为，现代社会的共同体是一个"悖论"。鲍曼所指的共同体显然是在传统意义上，那么，根据中国化马克思主义对集体与集体主义的解释，我们可以继续思考：信息共同体如果存在，它如何保证稳定的存在？其成员如何能够遵守共同的集体主义伦理原则，并处理好个人与信息共同体的伦理关系呢？

① ［美］尼葛洛庞帝．数字化生存［M］．胡泳，等译．海口：海南出版社，1997：191.

三、集体主义伦理原则的信息化拓展：信息共存

在马克思主义视域下，不论信息时代人如何独立自主，作为人与人相处的重要原则，集体主义是必要的伦理原则。即使是鲍曼这样的悲观主义者也承认，共同体是人类必须努力追寻的"天堂"。如马克思所言，不论个人如何能力卓著，他都需要集体协作："产生这种孤立个人的观点的时代，正是具有迄今为止最发达的社会关系的时代。人是最名副其实的 $\zeta\varpi\,o\nu\,\pi o\lambda\iota\tau\iota\chi\acute{o}\nu$ ［注：社会动物（亚里士多德'政治论'第1卷第1章）。——编者注］，不仅是一种合群的动物，而且是只有在社会中才能独立的动物。"① 技术信息化、交往全球化的进程中，没有人能够独自掌握自己的命运，出现越来越多每个人都需要面对，却无法靠一己之力解决的问题。生态危机、探索宇宙，跨文化的交流无一不证明了人类必须选择相互依赖，不论存在何种"信息巴别塔"将人们隔绝开来，最终人们必然选择集体、选择合作。因为社会的本质就是人的集合，社会"是人们相互交换活动共同创获财富的利益合作体系"②。

另外，身处"风险社会"之中，被伦理失范冲击的人们对集体"确定性"带来的踏实、安宁与"岁月静好"的感受也充满了迷恋。与涂尔干的"社会失序"或译为"失范"类似，福山认为，如果人在生活中缺乏与他人联结的规范和法则就会感到不安。因此离开家庭与故土的人们仍然需要建立各种"共同体"，现代工作场所也具有这种功能，"缓和并克服人们所感受到的不安情绪"③。鲍曼进一步指出："如果说

---

① 马克思恩格斯全集：第12卷［M］．北京：人民出版社，1998：733．
② 王海明．新伦理学［M］．北京：商务印书馆，2001：135．
③ ［美］弗兰西斯·福山．信任——社会道德与繁荣的创造［M］．李宛蓉，译．呼和浩特：远方出版社，1998：11．

在这个个体的世界上存在着这种共同体的话，那它只可能是（而且必须是）一个用相互的、共同的关心编织起来的共同体。只可能是一个有做人的平等权利，和对根据这一权利行动的平等能力的关注与责任编织起来的共同体。"①

　　这种权利与责任提示我们，如果说身处信息浪潮之中，实现"确定的共同体"尚且有困难的话，人力是否可以凭借自己的理性，转向对"信息共存"的追求呢？何为"信息共存"？本书认为"信息共存"是在人们信息关系的基础上达成的共识性道德观。因为从社会学角度来看，社会秩序的基础就是社会成员之间的一致性，也即人与人在精神上的"共在"或者"互在"，我们不妨将这种状态称之为"信息共存"。信息时代的人们不必囿于固定的集体及其强制力而牺牲个人利益，但可以通过建立共识达成个人之间、个人与集体之间的互利共赢，因此也可以视为集体主义的新拓展，即"信息时代的新集体主义"。因为无论是政治、伦理上规训的，或者哈贝马斯那种经由协商达成的，集体主义代表着一种认可与相互之间的理解，也正如伦理学家西季威克（Sidgwick）将共同的道德意识称之为"常识道德"："是一种由人类——或至少是人类中把足够的理性启蒙与对道德的严肃关心结合起来的那个部分——的一致意见来保证的道德真理体系。"② "信息共存"暗含一种普遍性与一致同意的意思，当然也难免流于感性而有待理性的综合。但是，"信息共存"是建立在信息时代足够理性且自主的人的基础上，可以看作未来真实且稳定的信息共同体的基础。一旦成熟，或可成为构成信息社

---

① ［英］齐格蒙特·鲍曼. 共同体［M］. 欧阳景根，译. 南京：江苏人民出版社，2003：187.

② ［英］亨利·西季威克. 伦理学方法［M］. 廖申白，译. 北京：中国社会科学出版社，1993：234.

会道德秩序的基本原则，并有助于我国社会制度的建构，因此也应该将其看作信息文明时代的奋斗目标。

如何实现"信息共存"？作为一种新的集体主义，其基础是道德主体的主动参与能力。这是对传统社会"被动的人"的扬弃。正如信息共同体是对前信息时代固定的集体模式的扬弃。它们的区别是，固定的集体与确定的道德义务与信息的共同体中彼此达成理解与接纳，从而真正自愿地遵守一套信息伦理的原则与规范，而不需要强制。"信息共存"的提议也并不是因为它代表绝对真理，而是因为全球化的趋势导致人类整体联系与依赖程度加深了，信息传播技术、生产技术为人类带来了相似的生活体验，或者说，也只有在信息时代，人类生活的共同经验才有了可能性。文化的多元和差异在一定程度上被消弭，不同地域、不同背景的人有可能实现相互理解，从而建构出代表全人类共同利益的真实共同体，实现信息共享，资源共享的"共同富裕"。

"信息共存"的价值不言而喻。在信息时代，不论是鲍曼提议的，借助个体进行社会道德的重建，令每个个体即使脱离了传统的集体仍能排遣孤独与恐惧，寻找到一丝安全感。还是中国化马克思主义集体主义伦理原则以经济、政治制度为先，从社会建设出发，最终都倾向于形成各种信息关系，如个人与个人的信息关系、个人与群体的信息关系、群体之间的信息关系等，宏观上也包括信息化的经济关系、信息化的政治关系、信息化的文化关系、信息化的生态关系等，这些信息关系又将组成一种整体性的社会信息秩序。因此，我们也需要期待以"信息共存"作为新的集体主义，凭借人的理性与独立自主性，维系信息共同体的伦理原则，并处理好个人与信息共同体的伦理关系。当然，共同的精神追求必须建立在共同的物质基础上，建立在生产力高度发达、人们交往能力极大提高的基础上。而社会主义制度也更有条件实现信息共存，在世界信息化浪潮中我国应当引领这一趋势。

事实上，在我国信息化进程中，人们的虚拟交往的态势越发明显，除了血缘亲情外，每个人更要面对广阔的对外交往空间，这些信息共同体的存在，人与人之间的有机联系，实际上也已经为各种类型的"信息共存"原则所维系。因此，"信息共存"是中国化马克思主义的集体主义伦理原则在现时代的理论回响与时代拓展。

第二节　信息公正：信息时代的公平正义

党的十八大以来，中央几次提出"公平正义是中国特色社会主义的内在要求"的思想，可以说，社会公平既是人民的强烈期待，也是执政者一贯的奋斗目标。然而，我国在经济腾飞、城市化迅速增长的同时也伴随产生了一些不公正现象，如经济收入和财富的差距，教育和医疗服务等社会公共资源的分配不均，特别是因此而可能发生的"贫困的代际传递"问题等。这反映出比较严峻的现实，一方面与百姓"共同富裕"的期待有距离，另一方面也是社会安定有序的隐患。信息技术甚至加剧了这一趋势，由于对新技术的掌握程度以及由此带来的经济收益、话语权的差异，信息时代的人们尽管喊着"同一个世界、同一个梦想"，却比任何时代都更能体会到"生活在同一个国家，但未生活在同一个世界"的现实。

一、中国特色社会主义的内在要求：公平正义

中国化马克思主义伦理思想中公正即使不算最根本的内容，也绝对是非常重要的一部分。尽管马克思主义主要是从"分配"角度来谈及公正，这也是马克思主义不同于资本主义在意识上对道德问题进行口号式宣传之处。对于伦理问题，马克思主义从唯物主义视角进行透彻理解和阐发，阐明了公正问题的答案要到物质生活中寻求。当然，中国化马克思主义不仅涉及分配公正问题，公正原则还有更为宽泛的含义。因为从古至今"公正"都是人类最为关注的问题。

在《理想国》中，诗人西蒙尼得（Simonides）说公正即是"给每个人以恰如其分的报答"，涉及的是权利义务的交换或者分配问题。在古罗马时期，公正被界定为"使任何人获得其所应得的一种不间断的永恒的意志"，"you deserved it"就是这种思想的体现。亚里士多德还认为，各种德行中公正最为重要，正是因为公正作为一种伦理思想，其评判的对象是"社会秩序"而不仅仅是"个人品德"的高尚与否。如罗尔斯（John Rawls）所言："公正是社会制度的首要价值。离开制度的公正性来谈个人道德的修养和完善，甚至对个人提出严格的道德要求，那么即使本人真诚相信和努力奉行这些要求，充其量也只是充当一个牧师的角色而已。"① 亚当·斯密（Adam Smith）也曾写到："与其说仁慈是社会存在的基础，还不如说正义是这种基础。虽然没有仁慈之心，社会也可以存在于一种不很令人愉快的状态之中，但是不义行为的

---

① ［美］罗尔斯. 正义论［M］. 何怀宏，等译. 北京：中国社会科学出版社，1988：22.

盛行肯定会彻底毁掉它。"① 这里的仁慈意在强调仁爱、忠恕等美好的德性，而正义则意指公平、公正的等价交换的规则。如仁慈讲求的是"滴水之恩，涌泉相报"或者"农夫与蛇"的不求回报，而正义则要求明确的、中立的标准并可以广而告之，令社会共同遵从。从这个角度，正义的标准低于仁慈，但对于人类而言它们同样有价值。正如施贝曼（Robert Spaemann）的《哲学的伦理学是什么?》一文中提道："道德判断之间不能像纯粹审美判断那样和平相处。因为在道德判断这里所关涉的并不是我喜欢或不喜欢某事这样的纯粹确定，而是涉及有关某些行为方式的一个客观判断。"② 信息伦理正是在这个意义上存在的一种"正义"。它提供了一种令每一位社会成员达成共识的标准。如若公正，社会和社会中各种利益共同体的存在与发展将得到稳定的保障，在这种稳定中每个人的利益也得到实现。马克思更进一步，不仅将公正看作人的权利实现，而是看作对人类实践中各种社会关系进行调节的过程，并将其提升到全人类解放的高度。因为对物质资料的占有，即"贫富差距"问题是社会主义国家最需要给予回答的问题。对于社会主义国家而言，公正的意义则更加重大，甚至可以将其看作中国特色社会主义在社会治理层面最基础的、最大的善。

当然，作为一个理想社会的基本伦理原则，公正是一个历史范畴，尽管具有普遍的形式，却并无永恒的、超历史的绝对内容。不同时代的公正观念本身既有合理性也存在着相对的局限性，比较封建社会与奴隶

---

① ［美］亚当·斯密. 道德情操论［M］. 蒋自强，等译. 北京：商务印书馆，1997：106.

② ［德］R. 施贝曼. 哲学的伦理学是什么?［J］. 甘绍平，译. 世界哲学，2005（2）：96-101.

社会，我们说后者更为公正。然而，当人类文明走到资本主义社会，我们又说资本主义社会比"前资本主义"社会更为公正。判断一个社会是否公正的依据，可以看此种社会形态相较于此前的社会形态，生活于其中的人类自由程度是否增加、对生产资料的分配是否更为合理等。信息时代之所以特别提出公正的原则，是因为在信息化时代，公正有了更为丰富的内涵。不仅包括物质生活资料有关的占有与使用，还包括信息资源。

资料显示，自 1997 年中国互联网络信息中心（CNNIC）开始发布全国互联网发展统计报告，作为信息技术和经济社会发展的一个重要的借鉴。管窥见豹，通过历年报告中显示的信息用户数量可以从一个侧面透视我国信息化的进程。第一分报告指出：截至 1997 年"我国上网用户数 62 万，其中大部分用户是通过拨号上网，直接上网与拨号上网的用户数之比约 1 比 3。"其结论是"看来，网上速度太慢和收费太贵是影响中国 Internet 发展的两大障碍。"① 而 2020 年 4 月中国互联网络信息中心发布的《第 45 次中国互联网络发展状况统计报告》指出，目前我国网民 9.05 亿，且"手机网民 8.97 亿，手机上网人群占比为 99.3%"②。20 多年来，中国信息化实现从量变到质变的突破，实现了前所未有的跨越式发展，已经成长为信息大国。尽管如此，仍有许多地区和人民并未享受到信息技术的积极作用，却因无法融入信息时代而更为落后。如针对贫困地区和农村地区信息基础设施建设滞后，针对留守儿童、残障人士等特殊人群的信息服务供给薄弱，导致信息化的教育无

① 中国互联网络信息中心. 第 1 次中国互联网络发展状况统计报告［R/OL］. 中国互联网信息中心，1997-10-31.

② 中国互联网络信息中心. 第 45 次中国互联网络发展状况统计报告［R/OL］. 中国互联网信息中心，2020-04-28.

法到达。这种信息化发展不平衡的事实说明信息不平等越来越成为严峻的问题。

二、"数字鸿沟"与信息不平等

信息技术发展为人与人的伦理关系带来挑战，曾经出现的伦理问题并未消失，新的伦理困境又层出不穷。从社会秩序稳定的基础即公平正义层面来看，所有人既要有共享信息资源的权利，也有维护信息秩序、恪守道德规范的义务。然而事实上绝大多数人都只乐于从互联网下载免费资源，却并不愿为此买单，支付给信息生产者们报酬。同时，在信息资源的分配正义问题上，谁有权占有信息并支配信息，如何分配信息资源才是公平的，也是中国化马克思主义伦理思想在信息时代必须涵盖的内容。事实上，对于我国长期以来存在的社会二元结构而言，人与人之间、地区之间、城乡之间必然存在信息技术水平不同，对信息的拥有可能性也差距巨大。从国家与国家之间的信息化水平和信息输入/输出情况来看，更是存在巨大的数字鸿沟，甚至"文化帝国主义""信息帝国主义"成为现代社会的重要政治问题。由此，也引出第三类问题，即为了增加所有人的福祉，实现马克思主义的共产主义道德理想，是给予人们拥有信息机会平等更重要，抑或是共享信息资源带来的经济利益等好处的结果平等更为重要呢？

信息资源的重要性无须赘言，如今先进的信息技术也令各类信息产品的技艺更为物美价廉，然而那些寄希望于新技术的"技术乐观论"者的理想并没有实现，尤其是信息公正的状况，不仅未得到解决反而日益严峻。数以万计的调查结果显示出，以互联网为代表的现代信息技术的使用程度，成为信息贫富的主要分水岭。信息主体在互联网接入、使用技术和享用机会上的差异存在于国家间、城乡地区间或者不同的亚群体之间。根据 2017 年发布的《第 39 次中国互联网络发展状况统计报告》，由于各地经济发展水平、互联网基础设施建设方面存在差异，数字鸿沟依然存在。从地域分布上，"我国各地区互联网发展水平与经济发展速度关联度较高。华东地区更为普及，而西南地区相对落后"。而从城乡网民分布来看，城镇地区的互联网普及率为 69.1%，农村地区的互联网普及率仅为 33.1%。由于农村地区互联网普及速度加快，这两个数据在 2020 年的最新调研中增长到了 76.5% 和 46.2%。再者，在年龄分布上我国网民以 10—39 岁为主，其中 20—39 岁网民达到 42.3%，基本上与中坚劳动力的年龄相重合。如果说信息资源是一种福利，对于劳动能力欠缺的儿童和年长者而言，他们仍然是弱势群体，并无足够的优势享受到高速发展的信息技术带来的好处，其社会地位在网络中也正与现实社会中一样，只能被动跟随。以上似乎都印证了我国 2003 年的一个论断"信息资源造成的差别正在成为中国继城乡差别、工农差别、脑体差别之后的第四大差别"。

这种差别在某种程度上证明了信息不公正的存在。尽管如今生产力有了长足进步，距离"自由自觉"劳动与"按需分配"的理想仍遥远。与前信息时代一样，信息时代同样存在着资源稀缺尤其是信息资源的问题。而在伦理关系中判断是否公正，就看双方掌握的资源是否恰如其分、公平合理。可以发现，在信息时代，拥有信息权利则意味着拥有更多信息资本，从而在信息获取、信息发布事务中拥有参与权、话语权、隐私权等。反之，如果缺少这种信息权利，则只能被动接受，甚至被"文化霸权"左右。马克思"手推磨产生的是封建主的社会，蒸汽机产生的是工业资本家的社会"①。如果说信息技术带来与蒸汽机时代的大机器工业模式不同的新产业模式，那么这种产业模式是否带来了新的社会阶层分化，如新的精英阶层与平民阶层？关于"社会新阶层"的研究恰恰证明这种情况在我国是完全存在的。仅从经济收入角度举一例：由于网络传播方式的便捷，一些影视明星不需要演技、凭借不真实的外貌与频繁的网络互动就可以积累大量的粉丝，人气高的明星出场费占据整个影视剧制作的 70% 以上②，催生了影视行业的不理性，而雨后春笋般出现的网络主播也凭借互联网"挣到了别人几辈子挣不到的"。

信息占有的差异也导致消费领域出现信息的不公正。因为信息提供的消费机会并非"普惠性"的，并不是每个消费者都能在消费中获益。"由于人的需要具有主体差异性，所以同一对象对不同的人就有满足需要的程度甚至是否满足需要的差别，使得信息文明并非对所有人概莫能外、一视同仁地产生效果；这样，信息文明对不同的人有用性的大小或满足需要的程度是有所不同甚至是有天壤之别的，就出现了'价值偏向性'的问题。"③从对信息的消费来看，全世界、全中国有许多地区由于基础设施不完善或者个人能力的有限，无法参与信息消费尤其是高层次的信息消费，只满足于简单的娱乐甚至"放纵"，这非但没有提升自己，反而增加了被异化的风险。结合我国互联网使用情况的调查，针对信息进行的消费，在即时通信、网络音乐与网络游戏的使用上城乡居民之间的差异为 4%，但在网购支付、理财、旅游预订类的应用上，城乡的使用率差异在 20 个百分点以上。另外，资本是逐利的，为保证利

① 马克思恩格斯选集：第 3 卷 [M]. 北京：人民出版社，1995：142.
② 全球罕见：明星片酬高达国内影视剧制作成本 70% [EB/OL]. 每日经济新闻，2016-09-09.
③ 肖峰. 作为价值论对象的信息文明 [J]. 中共宁波市委党校学报，2016（3）：14.

益最大化，很多人并不在新技术的服务对象之内，那些人成了"被消费空间的普惠假象排除和遮蔽的人便成为城市空间中的'隐形人'"①。这两方面都可能导致人们重新被划分成不同的群体或者阶层。正如鲍曼的《工作、消费和新穷人》中提到的工业时期以是否有工作、是否受到剥削来定义穷人；今天与此不同的是，被排斥在消费市场以外的所谓"边缘人"才是新的穷人。因此，从一定意义上讲，信息的不公正就是资源分配的不公正、知识的不公正、教育的不公正，是社会安定与实现马克思主义社会终极理想所必须关注，必须解决的问题。

那么，拥有硬件或者软件意义上的信息资源就能够缓解这一趋势吗？不容乐观的是，信息技术在某种程度上还可能加剧数字鸿沟。特别是在教育方面，信息技术的潜在影响正越发明晰。我们往往将教育视作一项基本人权或是一项公共事业，因此教育与其他公共事业一样，应履行服务均等化的基本原则。在教育技术的使用方面，电化技术、信息技术的发展为乡村教育提供了多种资源。网络教学资源也不是太少，而是呈现爆炸式的增长态势。但遗憾的是，这些针对教育的努力却几乎没有实现教育公平的美好愿景。2020 年初，一场"新冠"疫情突如其来，世界各地的信息化教育在毫无准备的情况下遭到集体检验，让教育资源分配不公的困境再次暴露出来。"网课"为教育活动带来广阔前景的同时，技术滥用、信息鸿沟、基础设施不完善等问题逐一显露。这既是当代技术伦理面临的新问题，又是休谟（David Hume）的旧问题"是"与"应该"在教育活动中的体现。究其原因，许多新闻报道和研究认为基础设施不足与信息不平等是阻碍教育公平的重要原因。这种观点虽

---

① 高小康 . 大数据时代的消费文化与空间冲突 ［J］. 湖北社会科学，2014（12）：108.

然言之有理，却不够准确。基站、网络的普及与信息共享的确能够让所有受教育者"机会均等"，从而使不同地域的不同群体站在同一起跑线，进而实现教育的公平化。但是，网络设备和信息本身并不会自动帮助受教育者做到这一点。在本质上，信息共享和信息接受能力是不同的，尽管信息共享是接受信息的前提，信息技术使信息共享成为可能，但如何识别、处理和理解海量信息中的真知与真理，则有赖于受教育者的自主学习能力与思维能力。免费的大型开放课程 Moocs 一度被看作是让教育成本低廉且普及的教学手段，尤其可以帮助那些经济条件不佳或成绩不佳的学生，但调查的结论是 Moocs 使用群体之间不仅没有缩小反而拉大了成绩的差距[①]。我国也呈现出类似的情况[②]。正如计算机和手机的应用能够提高学习效率也纵容了很多游戏成瘾者一样，即使学校或家庭购买了教学设备和课程资源，缺乏学习自主性的受教育者也根本无法完成课程。许多人由于受到文化水平、教育水平限制，信息应用技能较低，无法借助信息技术提升自己，甚至缺乏判断力而容易为不良信息所干扰。

总之，尽管各个时期的马克思主义者们都论述过，阶级社会消除之后便不再需要那种避免阶级间矛盾与保护个体免于来自上层阶级的压迫的伦理原则。但事实证明，目前我国也无法完全排除"公正"原则在协调社会冲突中的必要性。我们很明显能发现，信息时代人与人的差异并不会更少，互相理解和接纳并没有更容易。未来，那些没有掌握信息技能的人和国家是否面临着竞争永久的失败甚至被淘汰，人类的不平等

---

① ［美］迈克尔·J. 奎因. 互联网伦理 ［M］. 王益民，译. 北京：电子工业出版社，2016：450.

② 柴玥，杨连生. 慕课教育机会公平的大数据实证分析 ［J］. 现代大学教育，2019（3）：104-111.

将成定局吗？芬伯格提出："通常认为实现了在道德上认可的目标（例如广泛的参与、社会工作或者环境适应性）的社会必然是在经济上比较贫弱的社会。那么当人们对消费品有着普遍的欲望，如何解决两难的困境，即在美德和繁荣之间选择呢？"①

三、公正原则的信息化拓展：信息公正

信息时代，信息资源将比实物资源更为重要。也因此信息不公造成的困境也比过去更为突出。信息公正是现代化进程中更需要解决的问题。何为信息公正？还是回到公正的定义上来，如果将公正理解为一种"应得"，那么信息公正的关键就是如何让每个人能够公正地得到其应得的那部分信息。理解信息时代的"应得"概念有几种途径：第一，机会平等主义的，即社会共同体成员应得的发展机会在起跑线上是平等的，在实现过程中也是平等的。信息爆炸时代，每个人都可以随意获取信息，并没有被人为地设置障碍。当然，因个人差异广泛存在，信息能力不可强求，正如盲人无法正常阅读互联网上的信息，或者偏远的不通电地区的小孩无法使用丰富的网络信息。罗尔斯说："自然资质的分配无所谓正义不正义，人降生于社会的某一特殊地位也说不上不正义。这些只是自然的事实。"② 因此，只在程序上保证每个人都有机会，不设置障碍的这一思路并不完善。信息使用者经济地位不平等，知识资源的丰富程度相差悬殊，对浩如烟海的信息提取组织能力、处理应用能力存在必然性差异，都会导致信息不公正的结果。正如哈耶克说："从人们

---

① ［美］安德鲁·芬伯格. 技术批判理论［M］. 韩连庆，曹观法，译. 北京：北京大学出版社，2005：20.

② ［美］罗尔斯. 正义论［M］. 何怀宏，等译. 北京：中国社会科学出版社，1988：97.

存在着很大差异这一事实出发我们便可以认为，如果我们给予他们以平等的待遇，其结果就一定是他们在实际地位的不平等，而且将他们置于平等的地位的惟一方法也只能是给予他们以差别待遇。"① 也即实现真正的信息公正只能人为地"劫富济贫"，要求信息富人为信息穷人让渡一部分权利，将集中的信息资源分散给信息能力不足的人和地区。这也就是公正的第二种理解：结果平等主义，即将公平理解为分配结果/效果的均等。中华传统文化非常适应这种思维，如"民不患寡而患不均"，只有结果公正才能安民心、顺民意，但是这种方式也容易由于生产力的不发达，演变成"大锅饭"，造成效率低下和资源浪费，这种结果的平等已经被历史证明是需要警惕的。

回顾历史，我们可以从马克思的文本中发现许多人的处境比现在更为艰难。但是正如维纳所言："工业革命初期的许多灾难性的后果和形势并不都是由于当时有关人们缺乏道德感或从事不法行为所致，而是来自若干技术方面的特征，这些特征是工业化初期手段中所避免不了的，它们是在技术发展的以后历史中才或多或少地消失掉。"② 因此，正如我国的财政政策"既要把蛋糕做大，又要把蛋糕分好"，实现信息公正首先应消除"信息的绝对贫困"，也就是既要让信息技术充分有助于经济的总量发展，也要借助信息技术的新特征和优势，布局到社会方方面面，让人民都能享受到信息化的好处以促进信息公正。当代中国的信息

---

① ［英］弗里德里希·冯·哈耶克. 自由秩序原理（上）［M］. 邓正来，译. 北京：生活·读书·新知三联书店，1997：104.
② ［美］N. 维纳. 人有人的用处——控制论与社会［M］. 陈步，译. 北京：北京大学出版社，2010：51.

公平"应该是高层次的信息公平，即信息富有状况下的信息公平"①。这当然需要具备信息化、智能化的基础设施，也需要政策的倾斜。

当然，这种倾斜的结果可能并不十分理想。仅仅给予政策福利的倾斜并不能成功地实现信息化的普及。例如，作为跨越"卡夫丁峡谷"的一次尝试，甘肃省的"黄羊川模式"历经 17 年的变迁，目前逐渐淡出媒体的视野，因为资金投入与人才的不足，该模式的成效有限。当然，在发布农作物供销信息、信息基础知识的普及等方面，"黄羊川模式"是成功的，但是从更高的要求来看，却与期待的成果有所差异。贫困落后地区对信息的使用能力、需求、所能提供的资源相比于发达地区仍显得不足。这说明，信息技术和信息方式不能仅仅作为一种现代化的"劳动工具"，信息资源应引起思维层面的转变。这才能够真正实现信息公正的要求。否则"数字鸿沟"不仅在知识的"知沟"的意义扩大，更可能出现"智沟"。

此外，信息公正也包含着信息权利与信息义务的平衡问题。不言而喻，拥有权利意味着要承担义务，因此权利与义务实质上是同一个问题，对获得者而言是权益，对付出者而言则是义务。信息时代每个公民拥有言论自由的权利，尤其网络提供了行使这种权利的条件，因此，网络使用者同时也有义务维护信息空间的秩序。不侵犯他人隐私、对于网络作品、专利等知识成果的产权给予保护。

总之，公正是良序社会最为根本的原则，因为社会管理者只有根据公正的内容、要求、特征治理社会，才能够保证社会发展的顺利。对我国而言，尤其应注意到信息公正重要性。以上对信息公正原则的论述，

---

① 谢俊贵. 信息的富有与贫乏：当代中国信息分化问题研究［M］. 上海：上海三联书店，2004：325.

是对中国化马克思主义伦理思想的理论视域和内涵的信息化拓展。

第三节 信息自由：信息时代的新人道主义

人道主义的伦理原则之所以重要，是因为"人道"意味着善待与尊重人。不论文化如何多元，善待他人，把人看作"人"是善；尊重他人，使人成为"人"也是善，而如此对待每个人的行为都是应当。现实中，这种善与应当却并不一定经常存在，要看谁掌握着权力。中国化马克思主义伦理思想在马克思主义指导下，致力于同"反人道"做斗争，倡导人的意志自由、倡导平等的人际关系，在辩证唯物主义和历史唯物主义的指导下，以"以人为本"为基本出发点和落脚点，保护人，尊重人，体现了人道主义的关怀。信息技术提供给人更高的自由度，同时也引发更多的权力争夺及异化问题，需要在马克思主义的视域之下加以反思。

一、马克思主义的伦理目标：人的自由全面发展

自 17—18 世纪西方启蒙运动以来，人的价值得到重视，尤其现代化、后现代文化兴起后，人对个体自由、个人意志的需要远高于前。前文亦详细论述了中国化马克思主义的人道主义伦理原则不仅强调善待每个人，更关注如何使人成为"人"。正如父母之爱子不是要求下一代过自己理解的"好生活"而是为之计深远，令其具备独立能力。这是更高层次的善待，也是更为彻底的人道。那么人类究竟如何才能达到自我实现的目的或者理想境界呢？不难看出，这种实现要基于他拥有的自由

160

程度。就是说，一个人只有按照自己的意志去生活，他所造就的才是真正独特的、个性的、主体性的自我。反之，若没有自由，而是由他人的外力驱从着达到的那个结果，就不能称其为"自我实现"而只能是"被动实现"。在这个意义上，马克思主义的最高伦理目标"人的自由全面发展"的根本条件是自由，而社会发展进步的根本条件则是全社会所有人的自由。

马克思在"解放"的意义上来界定自由。维纳肯定马克思主义的自由观点，认为"每个人的自由就是最大限度地去发展体现在他身上的种种可能性"，且将自由与其反面即控制与强迫相关联："意味着并且要求着任何人都不得利用个人地位来强迫别人接受苛刻的契约。社会和国家为了自身的存在可以采取强迫手段，但其实施方式必须对自由不引起不必要的侵犯。"① 尼采的"权力意志"也可以用来理解这种能力：生命就是权力意志，就是人存在的理由。因此，一旦失去自由，人的"类本质"无从谈起，更无法自我实现。此外，自由也意味着对"必然"的把握和超越。我国儒家伦理思想曾探讨"力"与"命"的关系问题，也强调个人主观能动性的发挥，但是囿于客观环境，人的精神力量很弱小，只能在意识中"尽人事、知天命"。马克思主义对自由的方式不仅是自由意志（在观念中），更欲通过对客观规律的把握，从"必然王国"走向"自由王国"。

从以上对自由的探讨我们发现，从人与外界的关系上，自由就意味着免于被动接受外界的支配、压迫、控制，最终实现潜能发挥，实现自我完善的结果。与之相对的，自由的反义词可以是囚禁、禁锢、束缚、

---

① ［美］N. 维纳. 人有人的用处——控制论与社会［M］. 陈步，译. 北京：北京大学出版社，2010：37.

拘束等。他们都代表了一个"不自主""被动"的状态，即无法掌控而只能服从。

二、信息异化与大数据的"全景式监视"

黑格尔认为，终极的不自由即"异化"。异化意味着成为异己之物，这其中的一个关键问题是"权力"。权力（power）是干涉、控制的力量，对自身而言是支配自己意识和行为的能力，对外界而言是控制他人，让他人遵照自己的意愿行为的能力。因此，在伦理关系中判断哪一方拥有更大的自由，就看是哪一方掌握着支配的权力。信息时代的"人被信息所异化"的局面的出现就在于人无法自由地控制信息，反被信息所控制。

在信息技术如此发达的今天，我们期待的信息充裕且信息对称，人人可以尽情发挥自身潜力的理想社会尚未出现。尽管在现代文明中，东西方国家宏观意义上的统治都已经非常平和，政治权力、资本力量等或许都不再暴力，但是微观领域权力与控制并没有消失，信息化的权力隐藏在非暴力、非武装的机构背后，以种种"软性"方式渗入日常生活。不同于马克思在《资本论》中对资产阶级将自己的阶级意志上升为制度与法律，而后这些"宏观"的国家机器成为权力的代表。米歇尔·福柯（Michel Foucault）认为现代社会的权力行使是微观的，这种"微观权力"依附于不断扩展的规训技术之上，正如他在规训与惩罚中提及传统的权力形式是"仪式化的"，且会被"特意涉及的精巧的统治技术所取代"。毋庸置疑，信息技术在很大程度上增加了获取、使用信息的自由度从而使人的选择更多元、言论更民主，但事实上也存在着另外一种力量，让"话语权"和其背后的"资本力量"更集中，信息技术也作为最趁手的工具，让"统治"更便利，而被统治的一方则无处可遁。

现代社会的信息可能被作为一种控制工具。从信息生产与传播领域来看，控制与使用信息被认为是通向权力的通道。对于信息传播媒介的控制通常是获得权力和地位的首要一步。信息生产、消费、流通背后有政治需要、资本力量的推动，某一类型的电影、书籍等持续输出某些价值观与生活方式，来自自然科学和人文学科中的意识形态控制，学校与教育等。对此，福柯通过知识/真理的生产论述了信息权力实施的关键：技术将各种形式的信息利用起来，以新的统治形式代替传统的方式。"如果没有某种话语的生产、积累、流通和功能发挥，那么这些权力关系自身就不能建立、巩固并得以贯彻。如果没有一个特定的真理话语体系借助并基于这种联系进行运作，就不可能有权力的行使。我们受制于通过权利而进行的真理生产，而只有通过对真理的生产，我们才能行使权力。"① 因此，政治经济学派的学者认为，信息不仅包含着技术价值，信息是一种资源、一种商品、一种强大的社会控制手段。尤其是在当代，信息重要的功能就是作为一种控制的工具。"信息文明所包含的现代传播手段和技术，起到了美化现实从而维护现存统治秩序的作用，具有为统治阶级服务的原罪。"② 这一点早在 20 世纪 50 年代就被杜巴勒预感到，他说："机器对社会的危险并非来自机器自身，而是来自使用机器的人。这类机器虽然自身不会兴风作浪，但可以被某人或某一伙人所利用，以之来增强他们对其余人类的控制；或者是，某些政治领导人

---

① FOUCAULT M. power/knowledge：selected interviews and other writings，1972 - 1977 [M]．New York：pantheon，1980．

② 肖峰．作为价值论对象的信息文明 [J]．中共宁波市委党校学报，2016 (3)：16.

不是企图借助机器自身来控制人民，而是企图通过政治技术来控制人民，这种政治技术对人的可能性显得如此之狭隘，如此之漠不关心，就好像它们事实上是用机器制订出来的一样。"①

福柯"全景式监狱"的隐喻精辟地总结了信息时代人的不自由状态。"从人的实践本性上看人是自由的，但这样的自由对于每一个现实人来说，却只是他获取现实自由所具有的巨大可能性。他在实际生活中究竟能够获得多大的自由，最终还取决于他在现实生活中的实践状态。"② 现实中，当我们的生活被全面信息化和数据化之后，借助于信息技术的便利，在每次网络通信、刷卡购物、信息搜索中，人的通信、行踪、选择偏好、人际关系被在线数据库——忠实记录下来，每一次操作都代表着一个隐私的泄露，人的信息行为实际上是全面被记录的。信息时代，人们为了正常的生活，已经将自己所有的信息拱手奉上。这些信息被收集、分析，形成庞大的数据库，比我们更了解自己，它不仅了解人的现在，也记录着过去，更能分析和预测未来。福柯认为，"监控促使了一种没有墙壁的圆形监狱的建立，当今社会，拜现代电子技术所赐，人们受到了监视，但是他们却不能看到是谁在监视他们"③。为了逃避这种现代性的风险，许多人尝试不使用或者减少智能手机的使用，不敢在网络上购物，美国弗吉尼亚州蓝岭山区部分居民为了安心交谈和钓鱼而集体抵制安装电缆等将自己"隔离"在无法控制的信息风险之

---

① [美] N. 维纳. 人有人的用处——控制论与社会 [M]. 陈步，译. 北京：北京大学出版社，2010：66.

② 康兰波. 人的实践本性与信息时代人的自由 [M]. 北京：中国社会科学出版社，2013：1.

③ [英] 弗兰克·韦伯斯特. 信息社会理论 [M]. 曹晋，等译. 北京：北京大学出版社，2011：287.

外……但这些都难以改变人类被信息技术越来越清楚地窥视的趋势。

为什么信息时代会成为人们担心的问题，并在社会引发对安全、前途的担心呢？正是因为拥有这些数据的机构、公司或者个人能够借此拥有巨大的掌控他人的权力，人们却并不总是能够知道这些数据究竟"属于谁"。事实上也已经偶尔出现个人隐私信息被用于非法交易的情况。这些属于个人隐私的数据被出售，当然用于法律上是对不法犯罪行为的有力约束，但是同时人的生命与财产安全也面临新的威胁。这是信息技术同一切创新所面临的情况相同之处。总之，在这场信息的革命中，人并不总是或者说并不一定作为技术进步的目的，也可能成为被动的、异化的因素，成为一条数据甚至一件商品。人的安全需要尚不能得到满足，人的尊严与价值等更高层次的需求更无从谈起。

另一个关于信息时代"不人道"的问题是：个人信息自由与舆论控制的矛盾。网络是一个相对自由的地方，在自媒体发表几句"损人不利己"的言论或者在网络游戏中"厮杀"都很常见，在大多数情况下并没有人被要求对此承担法律或者道德责任。也就是说，虚拟世界中的自由程度与道德规范较之现实社会而言宽松很多。但是不能就此认为虚拟世界没有伦理道德规范，更不能放任人的这种信息"自由"，网络同样需要规范甚至法律等强制性约束。但是，对于信息的约束又不适合过于严密。对于社会发展而言，不能过于压制人的自由与意志，否则社会无法存续。这就要涉及强制的"界限"问题，更深一层就是对自由的理解和界定问题。信息时代的伦理规范应该将政府对信息的管制权力界定一个限度，如果并非必须，而是以欺瞒、遮蔽真实信息而获得服从，则是对人之自由的损害。所以，一个社会秩序是否良好，是否满足人的自由发展原则，也要考虑信息的透明程度、个体的知情程度。

三、人道主义伦理原则的信息化拓展：信息自由

当然，许多人仍然乐观地认为信息技术的出现将实现人们对自由、民主的期待，因为被信息赋予了一种信息权力。信息权力是人对信息的控制力，拥有信息就是拥有权力。福柯"知识和人类权力合而为一"的"知识权力论"较之培根的"知识就是力量"更清楚地体现出现代性中权力与知识的同构关系。这与恩格斯"自由是在于根据对自然界的必然性的认识来支配我们自己和外部世界"① 都表明，人类的支配力就源于对自然和社会各类规律性知识，亦即各种信息的掌握。历史也早已证明信息战中技术领先的巨大优势。在战场上，有时候掌握决定性信息就可以一招制胜，各类"情报"之所以重要正是如此。信息时代，信息的获得变得更容易，人类掌握了高新信息技术，拥有各种先进的信息技术产品，过去不能了解到的资讯与知识现在可以较为轻易地获取，也便能够更加从容地应对各类复杂状况，解决生产中的难题。从这个角度，人对客观规律的把握能力提高了，对自身命运的控制力增加，自由度也提高了。此外，新式自媒体为现代人提供了一个重要的信息来源，各类微博、公众号、电子杂志不仅加固了个体认同的价值观念与行为方式，它们作为社交媒体也可能推动并促进网络民主等社会运动的兴起。

中国化马克思主义伦理思想最重要的目标是人本质的实现。根据科学发展观"以人为本"的发展理念，围绕构建社会主义和谐社会的目标，我国在信息化进程中已经非常注重保障人民在网络活动中的各项基本权益，尊重人民作为信息主体的地位，并鼓励人民在信息时代发挥独

---

① 马克思恩格斯选集：第3卷［M］．北京：人民出版社，1972：154.

创精神，以实现自由、全面的发展。改革开放 40 多年来"思想解放"的观念为我国实现经济社会的发展与繁荣功不可没；在可以预见的未来，人民的创造精神、创新实践也必将有助于我国信息化进程中的社会和谐。因此，信息自由应当作为人们发展进步的新伦理理念，指导人们在实践中实现创造与创新，尤其是思想上的解放，以更先进的理念呼应时代的物质性进步。

总之，信息自由作为中国化马克思主义的人道主义伦理原则的时代新拓展，印证了人的类本质是人的内在规定性，而人道主义的伦理原则在信息时代，更加意味着对"人性"的看重与肯定，也进一步确证了人之为人的尊严。中国化马克思主义的人道主义思想倡导的自主性、人的解放与自我实现的最高目标，这一目标在信息时代面临着新的危机，也有新的契机。信息社会合伦理地运行应符合马克思主义的人道主义伦理原则，一方面"善待人"，另一方面更要"实现人"，给人以尊严。这要求处理好个人意志、信息权力与信息自由的关系，也要解决好信息的不自由即信息异化与信息不安全的困境。

本章小结

伦理原则是指导道德主体的伦理价值观及其道德实践活动的"最高标准"，也是决定一个社会道德规范系统的基本价值取向，具有极其重要的意义。然而不论是从理论上或者实践中，究竟推行何种伦理原则，并不是一个已经解决的问题，因为原则总是变化的。社会主义伦理思想以集体主义、公正、人道主义为最主要的道德原则。集体主义、公正、平等、自由、异化、人道等并非任意排列组合，而是构成了一个有机的整体，它们是一个政府应当如何进行社会治理、保证社会秩序良好的伦理原则体系。集体主义原则是中国化马克思主义伦理思想的基础，公正原则是社会治理的根本原则，而马克思主义的人道主义则是社会治理最高且最完美的伦理原则。在此基础上，信息时代社会伦理秩序的良好同样需要考察这几个重要方面：

第一，信息时代的集体范围拓展了，不再是原来的稳定的共同体，而是向信息共同体进化，信息共同体如果存在，也与传统集体有所不同，而是基于"信息共存"的共识。由于当代的流动性加快，人类生活状态改变，传统集体稳定性降低甚至存在感降低，因此，维护信息时代的共同体存在的关键是基于道德主体的主动性，倡导实现一种伦理共识，称之为"信息共存"。信息共存是信息时代人与人的共识性道德，最关键的是信息共同体成员权利的保证和利益的一致性。

第二，公平正义是中国特色社会主义社会强调的最基本最重要的社会治理原则。由于工业化刚兴起，马克思主义对公正、平等问题的关注主要是针对资本主义国家的物质方面，我国的公正伦理思想也大多针对物质领域。通过梳理公正的伦理原则和信息时代的现实，本书提出信息时代不仅应关注针对实物的分配与占有，更应考虑信息资源的分配、使用、权利义务等问题，而信息的不公正并由此导致的人与人不平等情况加大，也是目前比较突出的社会现实。因此，信息的公正是马克思主义公正伦理思想在信息时代的新拓展。

第三，人的类本质是人的内在规定性，而马克思主义的人道主义的伦理原则意味着对"人性"的看重与肯定，也确证了人之为人的尊严。通过对现实的考察和对既有理论的梳理，本书在这一部分论证了信息时代的新问题——"信息异化"与"信息监管"。马克思主义人道主义伦理原则为解决此矛盾提供了理论依据，在此基础上，信息时代存在着人的信息自由与解放的极大可能性。

第六章

信息德性：马克思主义视域下个人品德建设的新伦理原则

　　我们在上一章讨论了社会伦理秩序层面的原则，这些都是对社会的稳定与发展而言最重要的伦理前提。然而，正如蒂洛（Jacques P. Thiroux）说："道德基本上是讨论人的问题的，讨论人同其他存在物（包括人与非人）的关系如何，如何对待其他存在物，以促进共同的福利、发展和创造性，努力争取善良战胜丑恶、正确战胜错误。"① 不能忽视的另一个重要的方面是伦理原则与个人行为、个人观念意识的影响与互构。正如西塞罗（Cicero）在《论责任》一文中将人与动物最明显的差别定义为人具有理性。理性使人类相互认同，理性给人类带来尊严，过有道德的生活是人的理性的最突出显现。因为伦理从起源上看，绝非自由自觉的产物，而是对自由的限制与阻碍，是必要的"恶"。个体如何在非强制、非暴力的语境中做出自己的道德抉择，同样是需要反思的问题。信息时代的德性意识对个人品德的培养提出了新的要求，使

---

① ［美］J. P. 蒂洛. 伦理学理论与实践［M］. 孟庆时，等译. 北京：北京大学出版社，1985：9.

得信息时代的个人品德的内涵有了新的拓展。中国化马克思主义伦理思想中对于个人品德建设的基本原则，同样需要在信息的环境中加以重新认识，进行新的拓展，方符合信息时代伦理现实的需要。

第一节　信息诚信：信息时代的首要交往原则

道德是人的内在规定性。"个体的出现是公共生活的先决条件，但个体绝不是指生物意义上的个人，而是指具有自我意识和明确行为判断能力的人。这样的个体的产生除了经济、政治的因素，还要有哲学的思想启蒙和法律的现实定位。"[①] 在人类文明发展的漫长历史中，诚信原则发挥着重要的作用，它意味着人与人、群体与群体或者个人与群体之间能够相互信任地交往、共处而非互相怀疑、惧怕；更深一层，诚信也意味着人民对互相信任的契约精神的认可，从而是现代社会文明的基本要求。因此，作为人类道德观的基本内容，诚信是非常必要的，尤其是信息时代人的交往方式改变，使得诚信较之过去变得更加重要，然而事实上在网络社会及延伸到现实生活中的广义信息社会中，诚信又是一个容易发生"道德滑坡"的问题。中国化马克思主义伦理思想关涉个人品德的建设与培养，也需要关注诚信原则及其信息时代的新拓展，以求为我国的精神文明建设与公民道德素养提高提供指导。

---

① 李萍. 论公民美德与市场道德的内在关联［J］. 北京大学学报（哲学社会科学版），2007（9）：41.

一、公民道德的基本要求：诚信

在语义上，诚信可拆开来理解。"诚"即真实、诚实，是儒家提倡的一种道德境界。《中庸》甚至提出"诚者天之道，诚之者人之道"，从而将"诚"看作一种天道、伦常。"信"即守信、信任，是人与人相处的原则。正如《论语·为政》的"人而无信，不知其可也"。总的来说，"诚信"二字从语义来看虽有殊，一般却习惯做同义使用，即"信"是"诚"的体现，一般理解为遵守诺言、言行一致、忠诚信任。

诚信原则是人与人交往最重要的前提，是以诚相待进而交往活动顺利完成的基础。它首先是一种道德义务和必需：以"真诚"之心，行"信义"之事。现代市场经济体制建立过程中，诚信的理解又加入了借鉴西方契约主义的因素，在法律上也具有了规范性的解释，即应讲信用，按照公司利益最大化的原则来履行自己的职责。另外，诚信也是一种美德。根据德性主义的说法，一个德行良好的人之所以选择诚信做人，既不是由于违背诚信或者欺诈与道德规范相悖，也不是由于失信行为会为自己或者他人招致损害，而仅仅是因为诚信是其个人的品德。正如毛泽东说："讲真话，每个普通的人都应该如此，每个共产党人更应该如此。"① 显然"如何做人"比"如何行事"更为关键。

当然，中国化马克思主义理论中的"诚信"并未在"伦常"意义上界定，更多的是"日常"意义，正如《公民道德建设实施纲要》中，诚信被定义为"诚实守信"。以"诚实守信为荣，见利忘义为耻"也被列为荣辱观教育内容之一。因此实践中我们所谈到的诚信做人与诚信处

---

① 毛泽东. 毛泽东文集：第 3 卷［M］. 北京：人民出版社，1996：349.

事并不是空泛的宣传口号，而应当是一种日常选择。但目前的情况是，现实是相处中真诚待人、生意上童叟无欺的行为在今天已经变得非常"高尚"，尤其是面对信息时代人与人面临着匿名交往、面对着错综复杂的信息甚至无从判断真相的信息时，诚信难以寻觅。

二、"信息孤岛"与失信

从道德主体自身在"匿名时代"的行为来看，绝大多数情况下的信息活动不需用户提供真实个人信息，本身有助于个性发挥的信息空间也因提供了这种"自由"的功能而成为滋生虚假信息的温床。网络提高了受众的话语权或表达的自由度，但若与部分人的人性恶相结合，就会使技术的赋权产生出负面的效应，并同时还被该技术极大地放大这一效应。因为现代社会的每个人都是"信息的孤岛"，客观上，不论是否存在道德感的缺失，人们对信息的选择吸收是自发的，人与人以原子化状态存在且难免观念各异。也因此，李克强总理谈及信息产业发展时提到，政府要发挥应有作用，特别是要打破一个个互不相连的"信息孤岛"和"数据烟囱"。①

具体地看，从道德主体作为信息生产者的行为来看，在缺乏有效监管的情况下，如果其缺乏道德感，利用虚拟世界的隐匿身份任意编造、传播信息，尤其是虚假的信息，则易对网络空间和网络用户造成伤害。我们说，信息的作用是消除不确定，虚假信息至多只能算是一种"伪信息"，但是其广泛存在于网络空间中，且由于劲爆性、迷惑性、难以确证性而容易令人上当受骗。从红日将虚假信息界定为"恶意的、无

---

① 智慧城市要打破"信息孤岛"［N］. 光明日报，2016-08-12.

意的、技术性的和主观性的信息"①。网络流言、网络谣言都属于虚假信息，它们极易干扰视听，对于容易轻信的人，甚至可能酿成惨剧。

从道德主体作为信息的接收者来看，个人的判断和选择要依据事实，但在信息时代，传播媒介的变化使得信息在原本是信源和受众关系的双方之间交叉传播，这当然增加了自由与民主等现代性因素，然而也没有避免另外一个极端即"真实"的信息难以确证。正如拉尔夫·凯斯（Ralph Keyes）2004 年提出的"后真相时代"概念，在传播技术将新闻快速传遍世界的今天，消息的来源太多以至于无从判断其真实性，且真实或许并不重要，重要的是被言语激起的情绪。这种情绪也并非对差异性观点的善意接纳，而是以恶意地拒绝、反抗进行反馈。2016 年美国总统选举和英国脱欧都被归为"黑天鹅"事件，但简单将其如此界定，可能会造成对信息时代诚信伦理危机的严重性的忽视。这些反常态的结果与民众长期接受鱼龙混杂的信息而积累的负面情绪有关。有学者认为这是"后真相"时代的最好注解，且这种现象越来越成为每个人面对互联网信息内容的常态。后真相时代的真实性难以获得，"是非"的确定性消失，人对正义、公平的判断失去依据，精神归宿也难免陷入迷境。在信息时代，各类传统媒体和新媒体有义务提供真实信息并揭示真理，对于个体而言，选择信息同样需要理性和判断力。

此外，从交往双方的信任程度来看，在信息时代缺乏信任根基也是信息时代诚信伦理困境的诱因。只有交往双方在真诚、信任的基础上建立的关系才能产生和谐的人际关系。如果难以确定对方的信息是否真实，我们如何放心地与之交往呢？信息时代的交往多是在陌生人之间，

---

① 丛红日. 网络环境下的虚假信息问题及其对策［J］. 现代图书情报技术，2003（101）：149-153.

但正如福山（Francis Fukuyama）所言："所谓信任，是在一个社团之中的成员对彼此常态、诚实、合作行为的期待，基础是社团成员共同拥有的规范，以及个体隶属于那个社团的角色。"① 借用信息技术架构起来的共同体是随机的、自发的、陌生人之间的，也因此缺乏诚信原则发挥效用的环境。《论语》中记载曾子的话"与朋友交，而不信乎？"也就是说，一旦被赋予了"朋友"的身份，双方就有义务互相信任且在情感上给予认可，而陌生人之间却不存在这种情谊，也难以对其义务进行约束。现今通过互联网进行沟通以至于合作双方在现实中并不相识，比如在淘宝网、京东商城的交易行为完全在线上进行，只能通过"店铺"的等级、货物的图片宣传和其他买家的评价来判断是否合适。于是买卖双方的信息会不对称，在某种程度上买到好物需要一定的运气。更有在微信平台进行的 B2B 交易，这种交易相当于在私人之间进行，并没有法人组织为此负责，于是也因约束力不足而可能出现违约、失信现象。

总之，由于信息共同体的不确定性，如现代职业的流动性高、迁徙的成本低，人们不必长期偏安一隅，经常需要面对陌生的环境，因此，即使不考虑欺骗、诈骗等恶意，这种情况下得知的他人信息，不见得足够与他人建立友好的关系。就如同我们对同事可以喜爱，但不愿与其共享隐私，或许是无法在不了解他人的情况下展示私密的自我。这里我们可以发现，与其说网络社会中的信任难以建立，不如说是技术给予了人们"遮蔽诚信"的可能性；与其说道德主体不诚信，不如说他们"不敢诚信"。信息时代的诚信是深思熟虑的结果。

---

① ［美］弗兰西斯·福山. 信任——社会道德与繁荣的创造［M］. 李宛蓉，译. 呼和浩特：远方出版社，1998：35.

三、诚信原则的信息化拓展：信息诚信

依据中国化马克思主义的诚信伦理原则，诚信是高尚的德性，更是规范性的要求，是为人处世应坚守的道德底线。有学者对信息时代社会诚信的新发展趋势给出了概括性的说明："信任主体与客体的身份愈益多重而复杂，社会信任的内容、情境和范围极大扩展，新的信任模式与结构正在形成。"① 正如鲍曼对道德的看法："道德并非人类生活的一种'自然特性'，因此需要制定并强加于人们一种全面的整体性道德规范，这种道德规范应当是一种能够强迫人们遵守的依附性行为规范。"② 美国的国际企业、经济学和伦理学学会创始人、堪萨斯大学教授狄乔治佐证了鲍曼的观点，认为"诚信"不仅是按自己所接受的最高行为规范来行动，更是"按伦理道德所要求的规范来强制自己"。

基于以上伦理学的内在需要，信息时代的诚信首先应当是一种对信息文明的内在要求的认可和践履，这也是信息时代人类伦理关系建立的最基本道德要求。从个人行为观念上来看，一是应为所有人，当然也包括陌生人，提供真实的信息。不因为违约成本低而弄虚作假，不在网络交往活动中以牟利为目的故意欺瞒真相，应保证自身言论的真实性，不发布虚假信息和不负责任的言论，不参与网络炒作，不做"恶"性的网络推手。二是应加强辨识能力、理性思考能力而不为纷繁难辨的虚假信息所迷惑。尤其在信息消费过程中，诚信的态度和行为尤为重要。改革开放以来，我国在网络贸易、信息经济建设中取得了长足发展，但总

---

① 董才生，闻凤兰. 网络化时代的社会信任发展趋势 [J]. 天津社会科学，2013 (5)：84.

② [英]齐格蒙特·鲍曼. 后现代伦理学 [M]. 张成岗，译. 南京：江苏人民出版社，2003：6.

体上还处在初级水平，最主要的是诚信缺失的问题需要解决，这对交易双方而言都存在危险，需要对诚信价值观给予重视，一方面，是自我保护的需要，另一方面，也是社会主义网络经济不断发展和壮大的需要。

从交往双方的关系上看，信息时代的诚信是建立在信息交往基础上的信任。我国传统社会的信任模式是韦伯定义的"特殊主义"信任模式，即基于家族亲情血缘关系的，这是非常私人化的。中华文化、儒家伦理以家族血缘共同体为基本单位，由它造就的特殊主义的社会信任是宗族的纽带，他的基础是"熟识"。在这种环境下，传统意义上的"特殊诚信"即朋友之诚信，亲缘之诚信如果要发展，应为陌生人社会的"普遍诚信"。即现实社会中人与人的诚信原则，需要拓展为现实社会的人与网络中人交往的诚信原则，以及双方都在网络中交往的诚信原则等。这种"信息"，参与其中的主体是通过网络展示的自我即"人—机"系统，而人际关系也就成为信息化的人际关系，信息作为本体的一部分也参与道德行动，这就需要交往双方透过信息可能造成的"迷雾"理解对方，认同对方，建立起以信息技术为中介的新型诚信关系。

为了满足经济、政治、文化及和谐社会建设的需要，信息社会的诚信需要新的拓展。根据中国化马克思主义诚信伦理原则的本质要求，结合信息文明的内在要求，信息时代的诚信原则对信息生产者与信息接收者都提出了要求，且信息时代的诚信是建立在双方信息交往基础上的信任。信息诚信是信息时代的首要交往原则，信息诚信的建立有助于抵制诚信缺失造成的伦理失范，且将有效促进人际交往活动的和谐。

第二节 信息尊重：信息时代公民权利的新需要

"尊重"观念是一个自明的命题并作为文明世界的共识。"敬人者，人恒敬之。"这是孟子与苏格拉底都强调过的道理。因为尊重的原则包含着对人之为人的尊严与权利的重视，也体现着友善、包容之心。尊重作为一项人与人合宜地交往的道德原则，其实质却并非一成不变。较之以往，信息时代的知识产权问题、隐私权、人的尊严问题等都有所不同，也更加凸显了尊重这一原则的重要地位，在马克思主义视域之下梳理信息化社会需要的尊重原则及其实质，有助于我们应对信息时代的信息伦理危机。

一、尊重原则及其实质

伦理学的许多范畴是含义众多又相去甚远的，"尊重"也属于此类。但是不论如何阐释，这一概念所蕴含的意义与伦理价值是根植于历史与文化之中的。杨国荣提到："尊重主要展开于自我与他人的关系之中，它常有二重的表现形式：作为自我对他人的期望，它意味着要求他人承认与肯定自我的尊严；作为自我对他人的交往原则，尊重则表现为对他人内在价值的肯定。"①《斯坦福哲学百科辞典》中的"尊重"被界定为"普遍而言，尊重是主体和客体之间的一种关系。在这种关系中，主体从某种角度、以某种适当的方式对客体做出回应"。康德认

---

① 杨国荣. 伦理与存在——道德哲学研究 [M]. 上海：上海人民出版社，2002：117.

为，尊重与喜爱、恐惧等情感有关，出于对他者的感性认可会产生尊重的感觉。但不止如此，尊重不只是感性，而是由感性认识飞跃为理性认识的结果。也因此，康德又提道："虽然尊重是一种情感，只不过不是一种因外来作用而感到的情感，而是一种通过理性概念自己产生出来的情感，是一种特殊的、与前一种爱好和恐惧有区别的情感。"①

从伦理主体角度看，尊重是作为道德主体的人对他者在态度上的正视、情感上的接纳、行为上的支持和给予真诚的评价等。这些都属于处理人与人关系的"正向"原则。然而仅仅是行为上的正向也是不够的，正如包尔生指出："行为只是在外表上相像，而在内部的本质的方面却是个性在坚持着自己，这不是一个缺陷，而正是完善的一个标志。只是在纯粹的道德开始消失之处，以及道德接近法律领域的地方，人们才坚持一个人的行动至少外表上要符合规范。"② 也就是说，只有这种"尊重"的积极态度与行为方式是源自于人的内在修养，是其品质的外在表现时，即尊重一个对象不仅仅是为了完成某种道德规则的要求，同时也包含着人之为人的德性时，这个道德原则才算在实践中真正实现。从客体角度看，尊重意味着对他人权利的重视，体现了仁爱、友善、包容的美德，也是在交往中体现出来的理性与人本思想的弘扬，是人道主义在个人行为与心理层面的体现。当然，尊重同时也意味着"自尊"，是人面对自身的荣辱观念表现出来的道德水准，亦可看作人道主义伦理原则在个人行为中的体现。

---

① ［德］伊曼努尔·康德. 道德形而上学原理［M］. 苗力田，译. 上海：上海人民出版社，2005：22.

② 包尔生. 伦理学体系［M］. 何怀宏，廖申白，译. 北京：中国社会科学出版社，1988：88.

二、信息时代的知识产权与隐私权

不难发现，在某些情况下人们的尊重意识较为淡漠。尤其体现在信息时代的网络用户对知识产权的无视、对网络隐私权的轻视以及对"异己"状态的抵触。

第一，针对网络知识产权的侵权行为越发严重。马克思主义多次强调人类劳动及其价值的重要性，劳动是人的类本质，因此劳动成果作为人之本质的发挥和展现，应得到尊重。但是在信息时代，出现了许多网络资源的侵权行为，较之以往的产权问题更为严重。毫无疑问，互联网是最伟大的发明之一。其中巨量增长的原创作品、鲜活的思想观念更为宝贵，它是人类"知识之树"的根基。如果珍视这种财富，就应树立尊重信息产权的观念。尤其是相比传统的纸质印刷方式，甚至广播电视传播方式，互联网的效率不可同日而语，其内容分享对传统媒体造成的压力更大大超过了纸书盗版。在信息技术与信息产业的发展过程中，知识产权的问题变得更为复杂。

第二，信息时代的尊重关涉公民隐私权。隐私权是人权的一种，正如《伦语》里所说："非礼勿视，非礼勿听，非礼勿言，非礼勿动。"隐私权意味着权利人享有和支配自己的隐私，他人不得非法侵犯，这也得到了法律的保护。越是科技发达，就越凸显隐私的重要性。保护隐私，已经成为商业机构、政府部门和每个人的底线。但是，随着人们对网络的利用率越来越高，就不可避免地暴露个人信息，尤其大数据技术的发展使得人的一切活动都被数据库默默记录下来。而随着这些信息技术的迅猛发展，侵犯他人隐私的问题在网络中也愈演愈烈了。一方面，是对他人的隐私不尊重，甚至将他人隐私作为商品售卖，因此许多私人信息成为一些不法组织或个人谋取利益的工具。另一方面，人对自己的个人隐私也不够尊重，随意注册网站查阅信息，或者由于警惕性不强，当"黑客"侵入个人电脑窃取用户信息时也往往无能为力，这都使得网络侵犯隐私权问题变得非常突出。

三、尊重原则的信息化拓展：信息尊重

信息尊重是在马克思主义视域之下尊重原则的时代新拓展，具体体现在对知识产权尊重的强调和信息隐私权的尊重。第一，尊重知识产权。很多时候我国的互联网内容如音乐、书籍等都允许免费下载，令人足不出户便可阅尽千秋史，尽知天下大事。那么在这个"共享时代"，如何判断互联网的信息应当免费还是收费，如何在尊重原创与便捷的分享之间找到一个平衡，也是信息时代的伦理学需要思考的。一种观点是基于功利主义的，目的是整体福利的提高。按照边沁的逻辑，如果全体获得利益最大化，这个行为举措就是道德的。但是很容易发现，这会忽视原创者的利益，对作者的产权不够尊重，且激励作用不足。另一种思路是义务论的，如今信息的盗用过于容易以至于原创显得太廉价，因此无论如何也要尊重他人的成果，给予其公正的回报。但是，过于强调义务论，又难免成为康德式的、教条的道德原则，即认为将他人看作工具而不是目的的行为是绝对错误的。我们承认，如果一个人的行为建立在他人的痛苦之上，那么这个行为一定是恶，违反了道义论的伦理原则。但是，正如海廷格尔（EdwinC. Hettinger）提出的问题："如果一个人依赖人类文明历史，并在此基础上做小小的改动就能生产出有巨大价值的东西，那么就好比许多人要举起一辆车，最后一个人的助力才终于抬

起了汽车，那么这个人是否应获得赞扬并接受荣誉呢?"① 如果对知识产权的入侵并没有伤害到他人，反而使得他人的作品声望提高、广泛流传，这个原则是否应该有所松动呢?

这两种方法可以给我们提供借鉴，信息时代的知识产权涉及两个问题，尊重前人的劳动果实与后来者从中获利（物质的，或者就是某种灵感）是否应该支付报酬? 为了全人类的发展，或者说能够享受到社会发展福利的权利，是否应当消除过分的实用主义、功利主义? 综合全面的考虑是必要的，对于能造福社会的技术与成果不应过度保护，而是推广开来，鼓励进步和创新。而在不损害他人的情况下，保护知识产权是对人的创造力的尊重，也是中国特色社会主义理论中提倡的尊重原则，正如全国政协会议上，政协委员王兴东的发言:"原创者应对其作品享有类似物权的控制权利，终身受益。只有保障原创的智慧成为永久的实惠，才会有十年磨一剑的精品问世。"② 当然，开源软件的特点就是共享，这与信息网络的本质相符，因此"免费午餐"是信息时代的基本权利。无须过于压抑对信息的需要，而只需要有意识地平衡贡献与索取的关系。从这个角度看，信息文明的实现与马克思的道德理想的实现是同一目标的不同角度。

第二，尊重信息隐私权。隐私权作为一项基本的人权已得到公认。它不仅是法律权利，更是一种道德权利。一方面，个人隐私权会受到法律的保护;另一方面，对隐私的尊重是一项基本的伦理要求和道德义务。但是与我国信息技术普及率的快速增长成正比的恐怕是个人隐私的

---

① HETTINGER E C. Justifying Intellectual Property [J]. Philosophy and Public Affairs, 2011, 18 (1): 31-52.
② 15 位政协委员在全国政协十二届四次会议第三次全体会议上的发言（摘要）[N]. 经济日报, 2016-03-12.

泄露速度。不同于现实生活的隐私问题，网络中的隐私权概念作为传统隐私权的一种补充和扩展，指的是"网络用户在虚拟世界中就其个人信息数据、私人空间和私人活动享有控制支配并排除他人非法干涉和侵扰的一种人格权"①。可见，网络空间中的隐私保护难度更大，技术要求更高，也同样需要立法保护。但是对于个人而言，他人隐私同样是神圣不可侵犯的人权。因此在尊重个人隐私权的同时，也负有尊重他人隐私权的道德义务。

信息时代的知识产权与公民隐私权是"尊重"这一德性面临的新挑战，同时要注意的是，信息时代的人们也面对"异己"存在的不尊重情况。信息架构的开放性空间已成为我们日常生活的基本因素，不论是单纯的网络在线行为还是面对着信息化的社会，都因为这种开放、自由的伦理精神而获益。当然也正是由于这种特制，人能够接触到的他人、观点、态度越来越多，其中的不确定性与问题也日益增加。人类面对的是一个复杂的信息空间，这种多元包括传统民族国家的习俗、文化之别，也包括宏观上发展阶段中的政治法律制度与经济制度的区别，当然也包括微观的人或群体的细微观念、兴趣之别。如果面对异己的事物、观点和非主流的声音，本能排斥或者人身攻击，则有害于网络世界的洁净，是对尊重原则的违背，也不利于个人自我完善。按照康德的观点，违背尊重他人之义务的三类恶习是"骄横""诬蔑"与"愚弄"，经常见到的网络语言暴力是不尊重他人与自我的体现，是对弱势的践踏，人肉搜索同样有违德性。这就提出了"宽容性尊重"的要求。马克思主义的关照对象是"每个人""一切人"，社会主义伦理观念的尊

---

① 赵永忠. 谁偷窥了你的网络隐私［M］. 北京：电子工业出版社，2003：1.

重针对最广大的人民。康德也提出，将人作为尊重的对象并非因为他们与我们有关，而是因为人本身，在这个意义上面对所有人做出尊重的选择才是真正道德的。许多生态文明研究者更进一步地说，人类尊重的对象不仅包括人，也应包括非人类存在。也就是说，尊重的观念首先是出于对生命本身的敬畏。如反对死刑或安乐死的社会活动家和支持动物权利的动物保护主义者通过各种方式倡导"尊重生命"，环境伦理学家与生态伦理学者也呼吁"尊重自然"。那么对于人而言，这种生命的尊严和权利更应当被充分认可。在本书的第四章也谈及人道主义作为社会治理伦理原则的重要意义。

需要进一步反思的是，如何在日常交往中实现这种道德呢？对于个人行为及其道德选择，同样应关注尊重原则。除了"把人当成人"对待，还应在具体情境中宽容彼此、包容彼此、接纳彼此、理解彼此……这些也是"信息尊重"原则在全球化时代的应有之义。在信息时代，这种信息尊重表现为重视差异性与容纳多元性，不同于那些在"前信息社会"中被视为普遍的、理性的、正常的与和谐的观念得到推崇，而异类思想要受到抵制的情况。在信息时代，多元的姿态应该也能够得到尊重，这是对人之尊严的尊重，也是人类精神文明提升的展现。当然，最后还要强调的是，我们提倡多元发展，对人之尊严予以重视并不意味着允许个人凌驾于法律和他人的安宁生活之上，对社会和谐造成干扰。社会文明程度提升，社会成员的道德素养提高仍需要弘扬积极的、健康的、向上的主流价值观。

总之，人的社会性决定了信息尊重原则的必要性。我们并非与世隔绝，每个人都处于社会关系当中。在交往活动中，尊重使自我和他人之间架起了沟通和理解的桥梁，是良好人际关系、良好社会秩序的前提。

中国化马克思主义的尊重原则包括尊重人的各项权利，尊重人的劳动、贡献以及尊重人的人格、能力等。信息时代的隐私权、知识产权问题尤其突出，与前信息时代相比，应着重加以关注。同时，信息时代也应尊重差异性，彼此友善与宽容地交往。

第三节　信息责任：作为"信息人"的角色使命

上文谈及两种信息时代个人最重要的道德义务，诚信与尊重。那么，对于信息时代而言，还有什么美德是必须且必要的呢？本书认为"责任"是值得一提的。借用鲍曼的话"道德责任是人类最具私人性和最不可分割的财富，是最宝贵的人权，不能为了安全而剥夺、瓜分、抛弃或者沉淀道德责任"[①]。因为面对具体的道德困境，某些规范性的条文不一定能发挥作用，但是一种对自身的责任意识或许可以成为信息浪潮中的"救生圈"。

一、责任：社会关系中的个人角色使命

伦理与文化一样是一个历史的过程，责任原则的内涵也如此。根据滕尼斯的观点，传统社会的个人不论是血缘、地缘或者精神上都与确定的他人是紧密相连的，正义就是人们在既定规则体系中"各司其职"，尽到"本分"。因此关于责任的一个解释是"人们在一定的社会关系中

---

① ［英］齐格蒙特·鲍曼. 后现代伦理学［M］. 张成岗，译. 南京：江苏人民出版社，2003：295.

所应该选择的道德行为和对社会和他人所承担的道德义务"①。这强调了基于社会关系与个人的身份、位置的责任，强调在既定的伦理关系中人的义务。古罗马的西塞罗也提道："我们生下来并非只是为了自己，我们的国家、我们的朋友都要求我们尽一份责任。"② 现代责任原则的关注重点由伦理规则转向人类自身，强调理性与自由。因为在现代社会中，迷茫的人作为自己的主人只能为自己的判断负责。"道德责任是指人们对自己行为的过失及其不良后果在道义上所承担的责任。有时与道德义务含义相同。"③ 有从义务论角度即针对行为过失本身评论的；也有针对行为结果目的论角度的评论。

　　马克思主义伦理思想也在这个意义上解释"责任"，且不同于抽象的人性论，马克思、恩格斯认为作为"确定的人"的道德责任，是一种真实的"使命"、一种真正的任务。于是也可以发现责任与义务的区别，马克思主义伦理学认为，义务是他律性的，而责任不仅是他律性的，也有自律的意思在其中，且一旦将义务升华为内心的责任感，则这种责任也会成为道德主体行善的动力。总之，现代责任伦理原则最主要的是侧重于能动的个人，责任意味着有自由选择的可能性，不是自主选择的行为就无须为此负责。鲍曼说："责任依赖于角色，而不是依赖于完成任务的人。"④ 中国化马克思主义伦理思想将责任与"角色使命"的意识相关联。如强调作为共产党员的担当意识，如以人为本、执政为

---

① 中国大百科全书总编辑委员会《哲学》编辑委员会. 中国大百科全书：哲学卷[M]. 北京：中国大百科全书出版社，1987：131.
② 西塞罗. 论老年 论友谊 论责任[M]. 徐奕春，译. 北京：商务印书馆，2003：99.
③ 金炳华. 马克思主义哲学大辞典[M]. 上海：上海辞书出版社，2003：665.
④ ［英］齐格蒙特·鲍曼. 后现代伦理学[M]. 张成岗，译. 南京：江苏人民出版社，2003：22.

民的公仆意识，作为公民的爱国主义精神、集体主义精神等。

更进一步，责任之所以重要，也因为责任是德性的体现。对于德性来说，最重要的实践形式是道德责任的履行。"德性的社会价值，最现实、最普遍地体现在人们的责任感上。"① 反过来，责任感也是培养人的品性与美德的一个重要途径，是满足人类生存和发展的客观需要。因此，德性主义的方法是依靠个人责任实现伦理原则，同时个人品德修养得到提升，而实际上后者经常被看作是道德的真正实现。

二、信息空间中的责任缺失

我们希望在现实社会与网络社会中都能实现"人人为我，我为人人"，这种奉献精神成为所有人的自觉意识，但是实现这种理想状态还有很长的路要走。如果说从前的责任有很大一部分是社会规定的公民义务，是个人作为社会成员应当完成的义务，要靠舆论力量、法治力量来践行，那么对处于信息化进程中的人而言，责任不能仅限于此，尤其是在虚拟世界中法律制度不够完善时，个体对社会、他人与自我的责任感的缺失就将造成负面效应。

首先，对于新晋的信息、知识生产者——自媒体而言，个人账号本是意见表达的平台，很多都有令人赞叹的才智，积极向上的观点可以分享，但也有一些只热衷于吸引人气，只关注"平台，流量，10万+"，按照商业规律去生存，或者制造没有可验证逻辑的观点，只有让人联想的画面；或者以"伸张正义"为名释放恶意，伤害无辜的陌生人；或者人恶意调侃政治、抹黑他人，不分是非黑白缺乏道德责任感，制造出

---

① 陈根法. 德性论 [M]. 上海：上海人民出版社，2004：9.

各种冗余的信息。对于网络用户来说，疏于自律容易造成自我控制力降低，容易失去判断而被信息牵着走，就像电视机刚兴起的时候，许多人为电视着迷，不论节目精彩或者无聊都不用思考，电视播什么内容就看什么，被形象地叫作"沙发土豆"。互联网的出现，尤其是智能手机出现后，人们天真地以为自己英明地选择了有价值的信息，过滤了无意义的信息，可是事实却并非如此，人仍在某种程度上沉溺于媒体的议程设置之中，包括网络游戏本来是减轻压力的方式，却有很多大型网游，通过传达"杀戮的快感"这种扭曲的价值观，建立"弱肉强食"的敌对关系，激发斗争的情绪，以此作为盈利手段。因此，即使马尔库塞在20世纪中叶提出的"单向度的人"断言，即使如今身处于技术更发达、自主性更强的信息时代，这种情况却并无改善。

其次，对他人与社会来说，缺乏自律性责任容易受到网络不良信息、错误信息的干扰，不认可社会核心价值标准，而这种价值虚无性对于人格发展与社会稳定都是不利的。信息时代的交往不确定性很大，尤其是网络空间中的交往，很多时候是群体极端行为，而法律与制度的约束力不足，对于违背道德的行为缺乏有效监控。"信息违法犯罪"也需要清晰界定。但无论是在虚拟世界还是现实生活中，人应为自己的言行负责是一种义务，也应是人内心对善的需求。

通过考察这些道德"失范"，我们发现如若没有信息技术的发展，或许就不会出现这些现象。因此很多人将现代性的道德难题归结到技术上。就如同发生在19世纪英国的"卢德运动"反映的是人与新技术的冲突，今天逃避真正的信息责任却开罪于信息技术发展的人与当年的"卢德工人"们一样，并没有抓住主要矛盾。当然技术并非价值中立，但是技术本身是"人工物"，要克服技术的负面效应，人应该有自己的责任。比尔·盖茨（Bill Gates）曾说："信息高速公路可能通往许多不同的目的地。"信息网络系统是一个开放的结构，并非通过人为的管控可以消除掉其带来的不确定风险，否则就失去了一部分原本的价值。然而这种开放性导致对其在使用的过程中可能出现正效应或者负效应。因此，"信息技术本身的'能够'与'可行'并不直接等同于信息伦理之'应该'"①。

人类也的确一直在前进，但马克思、恩格斯当年预言的劳动分工、脑体分工的消失与技术异化的克服，在目前还没有实现，而且实际的趋势看起来似乎正相反。马克思时代还没出现的，被汉斯·约纳斯（Hans Jonas）称之为"自动化的梦魇"的信息技术、智能制造技术对传统劳动与劳动力的冲击更强。"对于所有要作为专职人员积极从事生产器械的运作的人来说，专业化是加剧了而不是减轻了。其他人——当然是大多数人——被大量排除在有益工作之外，却并不同样多地解除了劳动。"② 因此，迅猛的信息化生产方式冲击传统劳动密集型生产模式的事实要求人为自己重新定位，越来越多的"数字原住民"成为与机器"交互"工作的生产者、技术的管理者、资本的运作者，他们的自我价值认知与道德责任意识，决定了信息技术向何处去从而人本身"向何处去"，也即未来信息社会的人如何生存与发展的问题。这对人类提出了责任的新期望：信息时代，人应当如何提升自己，表达自己，而不是成为异己之物？

---

① 孙伟平. 信息时代的社会观历史观［M］. 南京：江苏人民出版社，2010：329.
② ［德］汉斯·约纳斯. 责任原理——技术文明时代的伦理学探索［M］. 方秋明，译. 香港：世纪出版有限公司，2013：173.

三、责任原则的信息化新拓展：信息责任

信息时代，作为信息化的人或"信息人"，我们被赋予一种信息责任。信息人的提法在学界早有共识，如果说信息社会是以信息技术为动力的社会发展阶段，信息人就是在此物质基础上"具有一定信息意识和信息能力，且形成基本信息素质的抽象存在"①。带有"后现代"特征的信息社会之独特性就在于人的"自我"意识被互联网和人工智能等信息技术进一步扩张，以至于仅凭目前的方法由管理层制定道德行为规范来治理，则可能出现无力应对的局面。本书在第一章也谈到了人的信息发展可能性，如果人具备了信息化的可能性，包括信息思维、信息意识、信息素养，那么也相应地具有信息责任意识，以及针对信息伦理问题的应对能力。

正如习近平所言："历史既赋予我们重任，也检验我们的行动。"②信息时代的责任是针对信息化的个人而言的，对于生活在基于信息技术之上的人，需要与高技术相适应的道德素养，就包括这种内在理性激发的责任感。正如萨特（Jean-Paul Sartre）认为，此时的人们必须"为自我负责"，且不仅要对道德选择的后果，也要对自己成为怎么样的人承担起责任来。"这种绝对的责任不是从别处接受的：它仅仅是我们的自由的结果的逻辑要求。"③ 这种责任的具体体现，"从动机上，对于信息技术的制造者而言有责任以善的动机开始而非恶的动机；第二，对于信

---

① 张学浪，赖风. 信息风险与"信息人"的伦理责任 [J]. 伦理学研究，2016（2）：82.

② 习近平. 习近平谈治国理政：第 1 卷 [M]. 北京：外文出版社，2014：4.

③ ［法］让-保罗·萨特. 存在与虚无 [M]. 陈宣良，等译. 合肥：安徽文艺出版社，1998：705.

息技术的使用者而言，有责任善用信息技术而非以作恶为目的。从结果上，信息技术的制造者及使用者都应当对技术产生的后果负责"①。因为以善为动机的行为，也有可能导致恶的结果。人应当认识到自己相对于信息技术的真正权利和义务，有所为且有所不为，在信息环境中自律。

两个世纪前的"卢德运动"反映的是人与新技术的冲突，反观一百多年以后的现在，由于信息技术的推广使当年的技术早已经被淘汰，但是劳动者这种结构性失业的情况却没有乐观：有数据表明智能技术AI将会代替50%以上人的工作，如许多重复性、机械性、统计性的职位即将消失。这的确会对从事这些职业的人造成一定的影响。但是，积极地看，正如资本主义社会发展初期很多靠人力完成的工作被机器所代替一样，应被视为人道主义的进步，而不是对人之人性的排斥，反而进一步提出了人的价值问题。人真正的价值在于人具有理性、创意、道德……所以真正负责任的态度并非按部就班地被安置在旧的产业体系中，而是发挥自己的天赋。约纳斯说："通讯行业、信息和计算机行业给人类活动增添了一个真正的新维度。"② 如今的"信息人"被各种新技术武装着，完全可以换一种不同的方式应对。"负责任创新"理念为这种意义上的责任原则提供了借鉴。

也正因为这种考虑，"负责任创新"不仅是一种重要的理念，而是被列入欧盟2020年的远景规划。这一理念认为"科技的力量不可避免具有带来伤害的能力，不仅是对自然的伤害，同时也包括对人类的伤

---

① 肖峰.哲学视域中的技术［M］.北京：人民出版社，2007：323
② ［美］汉斯·约纳斯.技术、医学与伦理学：责任原理的实践［M］.张荣，译.上海：上海译文出版社，2008：272.

害，这些伤害性的因素必须通过责任伦理来修复或补偿"①。科学发展需要考虑这种责任伦理原则。信息技术越是发展，对于信息技术高手而言，对他个人的道德理念造成的影响就不可估量。比如黑客这一令人闻之生畏的群体的数据盗窃、银行盗窃案，有些至今都没有破获；比如越来越多的不法分子利用短信发射装备发送链接，侵害用户的财产安全；甚至有被骗者因此而失去生命。约纳斯预料到这种严重性，认为"技术存在的恐怖潜能——危及人持续生存"②。

按照媒介环境学者雅克·艾吕尔（Jacques Ellul）的观点，技术的后果内嵌于技术之中，也正因此，维纳说："尽管人类可以有很多'懂得如何做'的知识但更需要思考的是'懂得做什么'。"③ 此外，并不是技术的"恶"用才会造成问题，以"善"的愿望开始同样可以有恶的结果。网络使用者绝大多数是普通人，每个人的行为决定了网络环境和社会环境。在信息时代，要有与信息技术相适应的德性、自律。正如马克思、恩格斯所言：自由的精神生产的产物的永恒价值在未来文明时代将重新复活，给人类发展带来一种"表现为自在的更高的东西，表现为自为的合理的东西"④。个人在信息环境应该遵守责任原则，这是媒介素养的问题。这种素养不仅关乎如何甄别、如何查找信息，也关乎对于未知来源的信息如何处理，以及如何科学地传播信息，做一个负责任的信息生产者和信息消费者。个人影响力责任也更大，作为道德意义

① 林淑芬. 优纳斯论科技时代的伦理学与责任 [D]. 台湾哲学学会 2007 年哲学研讨会，东海大学哲学系，2007：11-13.
② [德] 汉斯·约纳斯. 技术、医学与伦理学：责任伦理的实践 [M]. 张荣，译. 上海：上海译文出版社，2008：6
③ [美] N. 维纳. 人有人的用处——控制论与社会 [M]. 陈步，译. 北京：北京大学出版社，2010：67-68.
④ 马克思恩格斯全集：第 30 卷 [M]. 北京：人民出版社，1995：393.

上的自律，责任比从前更为重要，树立"知荣辱，讲道德"的"信息时代荣辱观"也更为急迫和重要。这也关涉在网络中自由表达的限度、界限问题，这是言论自由原则在网络社会的体现，也是信息时代的责任伦理要求。有效行使网络民主权利，有节制地进行个性表达，都是公民的信息责任。

此外，信息责任也意味着信息人的自律能力。自律是对德性的诠释，是个人道德水平与操守的体现。在信息时代，"我们的行为已经从强制性的无限责任，戒律和绝对义务中解脱出来"①。而儒家的"君子必慎其独"思想此时有借鉴意义：自律就是慎独，慎独意味着道德主体在独处情况下也能够自觉克制、自我约束、自我监督，不违背内心的德性。不论何时，这都是最美好的德性，也是对人类伦理道德的最高要求。借用洛克（John Locke）的话："一切的重大责任是德行与智慧。"

总之，根据中国化马克思主义伦理思想的要求，信息时代的"信息人"自应有其使命，一方面基于社会角色履行伦理责任，维护信息伦理的自律性要求；另一方面，发挥人本身的能力，进行负责任的创新。当然，从伦理产生的基础来看，每个人拥有高尚的品德修养且共同保障社会的和谐稳定发展，需要物质文明的增长，也需要道德教育、制度与法律的辅助。

---

① ［英］齐格蒙特·鲍曼. 共同体［M］. 欧阳景根，译. 南京：江苏人民出版社，2003：3.

本章小结

由于研究方法的差异，对人与社会的研究角度有所不同。根据马克思主义的解释，社会或者说社会事实并非是涂尔干意义上的"物"，社会就是人的世界，其中人的行动构成了全部。因为人的行为总有其特殊性，即使有规律可循也只能基于"理想型"的分析。某种道德倾向对于共同体而言只是一个数据，但对某个人而言则是全部。因此，对个人伦理观念和道德选择的考察与反思是必要的。道德是人的存在方式，是人对其自身动物性本能的超越与克服。标志着人以人的方式认识世界、理解世界、把握世界。因此伦理是人的存在状态和文明程度的表征，也内在地蕴含着人将以一种应然的理想状态——高尚的品质而继续发展。一方面，道德对个体而言是规定性的、先验的，说一个人有道德意味着他遵守既定的行为规范和做了符合公认的道德要求的事情，当然更高层次来看也意味着他本身是一个有德性之人。另一方面，道德的内容随着物质进步、文化变迁有新的内涵，这些都是人类活动的结果，所以在这个意义上道德也体现着人作为"类"的能动自主性。人是推动事物发展的内因，信息时代的社会变化由每个人的具体行为构成，伦理原则也将在人的关系和个人的道德选择中体现。遵守基本道德规范令社会稳定，交往顺利进行；内心有对高尚德性的要求，令个人实现自我完善，走向幸福境界。因此，从他律到自律，从对行为规范的遵守到对德性的追寻，人将完成自我实现的过程。具体地，本章归纳了个体实践中的诚信伦理原则，尊重伦理原则以及责任伦理原则，并在信息时代视域下考察其新的拓展和需要。

第一，从意义上看，诚信是最基本的伦理要求，而信息诚信是新时代对具有普遍指导意义的中国化马克思主义诚信原则的进一步丰富和具体展开，信息诚信是信息时代的人类交往获得成功的前提，是人们面对以信息技术为中介的新型交往关系时，在明文规范效力不足的情况下，依靠信息文明的要求建构新的诚实与信任模式，信息诚信促使信息时代人的道德观念向着更加文明的境界提升。

第二，尊重是对人的尊严的认可，本书以知识产权和个人隐私权为例，提出信息时代的知识贡献方式更加多元，更加丰富，因此更需要对知识产权的尊重，信息时代的隐私问题尤为突出，因此更要从伦理道德角度提出规范性的要求，也需要个人道德素养的提高，以此保护个人信息权利。同时，信息时代的尊重还体现在对不同的人、不同的观点与文化的接纳、宽容与友善。

第三，责任是人的所有品德中最重要的，是对人之自由意志、人之理性的诠释。"人有人的用处"，发挥这种作用是个体道德的规制之道。一方面体现出人们在信息伦理视域下对责任这一重大问题的关注，另一方面也体现出了人们在责任伦理上的信息化关注。具体体现在基于社会角色履行伦理责任，维护信息伦理的自律性要求，发挥人本身的能力，进行负责任的创新。在一定意义上，信息责任是在中国化马克思主义视域下，对马克思主义倡导的角色责任观念、对人的本质实现的一种关注。

第七章

结　语

　　"信息伦理与中国化马克思主义伦理思想新拓展"这一主题，是在信息伦理的语境下，尝试提出中国化马克思主义伦理思想在信息时代的新拓展，并在以下方面取得了进展：一方面，从良序社会建设角度，提出在信息时代存在着发展共识性伦理的可能性，以解决集体主义的失落；存在着发展信息公正伦理原则的可能性，以解决数字鸿沟与信息不公正困境；发展人道主义伦理原则的可能性，以克服信息异化伦理困境并谋求人类信息自由。另一方面，从个人品德建设角度，中国化马克思主义伦理思想在信息时代应关注诚信的品德，以避免新时代的诚信危机；关注尊重的德行，以避免在知识产权、隐私权等方面侵犯他人的信息权利；关注责任与义务，倡导以人的勇气与智慧担负起属于人的责任。

　　不论是作为社会秩序的伦理原则抑或是作为个人品德的伦理原则，它们所蕴含的深刻意义深植于我国历史与文化之中，同时也在信息化的语境中被赋予了新的内涵。这些拓展一方面是对实然层面的提炼和总结，另一方面是我们在应然层面提出的社会与个人在伦理道德领域的理想状态。拓展和丰富后的中国化马克思主义伦理思想，是一种囊括更多内容的系统学说。从作为社会秩序的伦理原则层面：第一，社会共同体是人生存与发展的基本条件，集体主义是中国化马克思主义伦理思想的基本原则，信息共存的原则维系信息共同体的稳定，是信息时代的新集体主义。第二，社会公正是社会和谐的最重要因素，也是中国特色社会主义的应有之义，信息公正原则提出了信息时代的公平正义新要求。第三，中国化马克思主义的人道主义伦理原则倡导人的自由与解放，信息异化是对信息时代人道主义的违背，而信息自由是信息时代马克思主义伦理思想最高伦理目标，是实现人的自我意志，实现真正自由的条件。此外，信息社会实质上是信息文明要求下德行良善的人类共同体。因此，与良序社会建设的维度相适应，在个人品德建设的伦理原则层面：第一，诚信是人际关系维系最基本的原则，信息诚信的提出充实了新的交往原则，也是对信息时代个体德性的首要要求。第二，人的社会性决定了尊重原则的必要性。为解决信息时代对知识产权的无视、对信息隐私权的轻视以及对"异己"状态的抵触问题，信息尊重原则提供了道德标准。第三，责任不仅是完成他律性要求的义务，更是社会人的角色使命。信息时代的"信息人"的使命是基于社会角色履行信息伦理责任。

理论关照现实是马克思主义的特质。马克思主义理论最重要的是它的实践性，理论需要经过群众掌握才能变成现实，这需要我们进一步思考，中国化马克思主义伦理原则应该如何实践，才能成为我国信息化进程的积极推手，并指导我国人民过良善的生活从而实现幸福呢？也就提出了在我国信息化进程中，中国化马克思主义伦理原则实践的基本方法和有效路径的问题。

　　一般而言，对于伦理原则的现实执行有两种思路：一是利用外部"制裁"来约束行为，二是通过内在"承诺"来规范行为。后者认为制度不可靠，而通过每个人内心的善良意愿，或者是利益的同一性而结成一种自愿且稳定的关系才能保证大家认同共同价值观且发自内心地遵守它们。这种德性论的传统在中国古代伦理思想和古希腊、古罗马伦理学中几乎是全部，且由于现代生活模式转变也在近几十年有一场理论复兴。因此，从理论传统与实践中的合理性两方面来看，将其作为我国目前的借鉴似乎是可以讨论的。根据德性主义的思路，信息时代中国化马克思主义伦理原则可以通过以下三种方式得到实现。第一，信息社会环境的影响。第二，信息德育与教育的引导。第三，"信息人"的理性认知与情感认同。三者相辅相成，互相作用，将规范内化于心，融合于自我道德意识之中，长此以往，道德意识就形成稳定的德性，又在具体的道德实践中表现出来。面对自身时，时刻反躬自省，在信息环境中诚信面对自己的内心，缺乏监管时也可以自尊自爱，严格自律，克服信息的异化；面对他人时，无论是针对现实世界还是虚拟世界的关系，能够真诚待人，尊重差异而彼此宽容；面对社会时，在信息共同体中具备吃苦在前享受在后的责任意识，为国为民的奉献精神……总之，德性主义的思路本质上是希望人们能自愿协调利益，凭借善良意志维护社会关系和社会和谐，正如本书中提到鲍曼对"不确定性世界"中建立共识的分析，这种方式在"流动的"信息时代，不失为一种值得提倡的解决办法。当然，德性主义的思路在实践中也存在一定的难度。德性是主观性的范畴，甚至有些天真。因其强调个体生活的主观维度，而轻视了外在的客观维度，导致个体行为缺乏制度性的规约，因此对处于信息化进程的中国而言，以"承诺"作为伦理原则的实现方法有其不可避免的缺陷，并不能作为信息时代践行中国化马克思主义伦理原则的绝对可行之路。

伦理学传统中与之相反的另外一种更为广泛的传统——规范主义着眼于对人类行为进行规范这一层面，规范主义认为，凭借个人品德建设的确有辅助作用，但并不能带来合伦理的社会和有品德的所有人，以规范伦理的方式去操作更有利于实现现代社会生活的公正、人道与和谐。更重要的，规范主义在伦理原则的实践中往往更具有可操作性，这也是作为方法所不能忽视的因素。以规范约束、以规范要求、以规范引导，可以说是伦理原则实现的明确而容易的方法。根据规范主义的思路，在我国信息化进程中马克思主义伦理原则可以按以下两种思路实践。第一，成立信息道德委员会监督管控不道德的信息行为，如美国计算机伦理协会制定的"计算机伦理十戒"；第二，建立信息制度与信息法律保障人民基本权益等；第三，依据传统文化习俗与惯例保证人民的伦理价值观符合社会对成员的要求。这其中有的是"实体"的机构负责执行，也有的是"观念"上的"组织"如习俗与惯例负责维系。尽管不一定有执行机构，这些都是"他律"意义上的规范，甚至违反惯例的惩罚可能更甚于法律，甚至招致整个身份群体成员非正式的共同抵制。用韦伯的话说，这绝对是有效而严厉的制裁。当然，对于"信息文明"的要求而言，停留于"底线伦理"也是不够的。我国的信息化进程要求人的信息素养、信息伦理价值观也有较大提升，一味地以管控的存量思维模式面对新的问题并不合适。

总之，德性主义和规范主义的方法各有特点和功能，在解决伦理原则实践的问题上也各有侧重点。在实践中，与其说他们是对立的不如说它们是相互补充的。两者各自强调道德问题的两个方面，德性为先，规范是根本保障，从而构成了道德问题的总体分析框架。在信息时代中国特色社会主义的精神文明建设中，二者相互作用、相辅相成，既发挥规范性的强制功能，又弘扬品德的超越性特点。第一，在社会主义核心价值观的引领下，我国信息化进程中马克思主义伦理原则的实践，应致力于依法治国与以德治国相结合，制度建设与道德培育相结合的中国道路。将依法治国原则准确运用到信息空间之中，实行"依法治网"，以法治的手段保障马克思主义伦理原则在我国信息化进程中的实现。第二，对无良的道德失范甚至信息犯罪问题给予清晰的法律界定，以求明确惩治办法。第三，给伦理道德建设提供良好的法制环境。"国无德不兴，人无德不立"，德治也是促成国家信息化发展与人民生活幸福安宁的重要举措。根据中国化马克思主义伦理原则，应对信息产业的发明家、技术人员以及普通网络用户，特别是中国青少年开展信息德育工作。作为信息化进程中具体的治理方案，不论是刚性的强制性手段的法治或者柔性的规劝引导手段的德治，都属于以规范来督促人的"他律"范畴。但是个人意识的主观"认同"及其"自律"意识在信息技术提供更多可能性的今天更加值得关注。正如科尔伯格（Kohlberg）认为道德思维能力是内在于个体身上并随个体的成熟而发展的，并非只是社会进行灌输的结果。作为个体的社会成员，其道德品质的高低程度是他与环境发生"互动"的后果。个人道德意识在维护社会的和谐发展，实现自我肯定、自我完善具有十分重要的作用，在信息化进程中同样要引起注意。据此，在中国特色的信息化进程中人民的共同伦理观念与价值认同也至关重要。

法治与德治的实践路径都是为了社会伦理秩序的有效建立与人民全面发展这一伦理理想的最终实现。而这一伦理理想的最新形态就是习近平总书记多次提及的"信息命运共同体"。从国与国之间到区域内的、再到全人类的"命运共同体"。"这一超越民族国家和意识形态的'全球观'，表达了中国追求和平发展的愿望，体现了中国与各国合作共赢的理念，提交出一份思考人类未来的'中国方略'。"① 在社会主义核心价值观基础上，中国共产党提出"命运共同体"尤其符合信息时代的人类本身及其价值观的发展趋势。打造"信息命运共同体"是结合我国在信息化进程的实际情况，对马克思主义伦理思想的自觉运用与科学发展，而将"信息命运共同体"作为价值旨归，在信息时代真正实现中国化马克思主义的道德理想也应该是值得期待的。

综上所述，信息伦理与中国化马克思主义伦理思想是互补互促的，信息伦理的内容丰富了中国化马克思主义伦理思想，使其初步解答了信息社会的人类实践遵循的伦理原则问题。而将马克思主义伦理思想与信息伦理关联起来研究，不论是从马克思主义伦理学来看，还是从信息伦理视角来看都是比较新的一个问题。由于这一主题与我国的信息化进程关系密切，即使没有理论的建构与关照，人类交往方式及其原则的时代拓展也早已经是一个蓬勃的现实。当然，作为一个有理论价值又有实践

---

① 习近平. 为世界许诺一个更好的未来——论迈向人类命运共同体［N］. 人民日报，2015-05-18.

意义的选题，不论是从理论上对思想进行审慎的再反思，或者立足于实践对思想进行积极的时代化推进，本书都存在着不完备之处，对于理论关联的因素考察还处于尝试阶段而不够透彻，对于信息秩序与信息德性中应当包含的具体伦理原则、要素及其内涵的分析还有待进一步深入总结与发掘，这些都将督促我在今后的研究中更加深入和全面。

参考文献

一、经典文献和国家领导人文献

马克思恩格斯选集：第1-4卷［M］. 北京：人民出版社，2012.

马克思恩格斯全集：第3卷［M］. 北京：人民出版社，1960.

马克思恩格斯全集：第3卷［M］. 北京：人民出版社，1972.

马克思恩格斯全集：第3卷［M］. 北京：人民出版社，1998.

马克思恩格斯全集：第12卷［M］. 北京：人民出版社，1998.

马克思恩格斯全集：第26卷［M］. 北京：人民出版社，1974.

马克思恩格斯全集：第30卷［M］. 北京：人民出版社，1995.

马克思恩格斯全集：第30卷［M］. 北京：人民出版社，1960.

马克思恩格斯全集：第40卷［M］. 北京：人民出版社，1982.

马克思恩格斯全集：第42卷［M］. 北京：人民出版社，1979.

马克思恩格斯全集：第46卷（下）［M］. 北京：人民出版社，1979.

马克思恩格斯文集：第8卷［M］. 北京：人民出版社，2009.

马克思恩格斯文集：第10卷［M］. 北京：人民出版社，2009.

马克思恩格斯文集：第 1 卷 [M]. 北京：人民出版社，2009.

马克思恩格斯文集：第 3 卷 [M]. 北京：人民出版社，2009.

马克思恩格斯文集：第 9 卷 [M]. 北京：人民出版社，2009.

马克思. 资本论：第 1 卷 [M]. 北京：人民出版社，2004.

马克思. 1844 年经济学哲学手稿 [M]. 北京：人民出版社，2000.

列宁全集：第 1 卷 [M]. 北京：人民出版社，1984.

列宁全集：第 4 卷 [M]. 北京：人民出版社，1995.

列宁选集：第 3 卷 [M]. 北京：人民出版社，1995.

毛泽东. 毛泽东文集：第 3 卷 [M]. 北京：人民出版社，1996.

毛泽东. 毛泽东选集：第 3 卷 [M]. 北京：人民出版社，1991.

毛泽东. 毛泽东选集：第 4 卷 [M]. 北京：人民出版社，1991.

邓小平. 邓小平文选：第 1 卷 [M]. 北京：人民出版社，1994.

邓小平. 邓小平文选：第 2 卷 [M]. 北京：人民出版社，1994.

江泽民. 江泽民论有中国特色社会主义（专题摘编）[M]. 北京：中央文献出版社，2002.

江泽民. 论"三个代表" [M]. 北京：中央文献出版社，2001.

江泽民. 论科学技术 [M]. 北京：中央文献出版社，2001.

胡锦涛. 在庆祝中国共产党成立 90 周年大会上的讲话 [M]. 北京：人民出版社，2011.

胡锦涛. 在中国共产党第十七次全国代表大会上的报告 [M]. 北京：人民出版社，2007.

胡锦涛. 在中央人口资源环境工作座谈会上的讲话 [M]. 北京：人民出版社，2004.

习近平. 习近平谈治国理政：第 1 卷 [M]. 北京：外文出版

社，2014.

习近平．之江新语［M］．杭州：浙江人民出版社，2007.

习近平．摆脱贫困［M］．福州：福建人民出版社，1992.

中共中央党校教务部．马列著作选编［M］．北京：中共中央党校出版社，2002.

中共中央马克思恩格斯列宁斯大林斯著作编译局．列宁专题文集．论无产阶级政党［M］．北京：人民出版社，2009.

中共中央文献研究室．十七大以来重要文献选编（下）［M］．北京：中央文献出版社，2013.

中共中央文献研究室．十二大以来的重要资料选编（下）［M］．北京：人民出版社，1988.

中共中央政策研究室．江泽民论社会主义精神文明建设［M］．北京：中央文献出版社，1999.

中共中央宣传部．习近平总书记系列重要讲话读本（2016 年版）［M］．北京：学习出版社，人民出版社，2016.

二、中文译著

［德］R. 施贝曼．哲学的伦理学是什么？［J］．甘绍平，译．世界哲学，2005（2）.

［德］恩斯特·卡西尔．人论［M］．甘阳，译．上海：上海译文出版社，2003.

［德］汉斯·约纳斯．技术、医学与伦理学：责任伦理的实践［M］．张荣，译．上海：上海译文出版社，2008.

［德］汉斯·约纳斯．责任原理——技术文明时代的伦理学探索

[M]．方秋明，译．香港：世纪出版有限公司，2013．

[德] 黑格尔．法哲学原理 [M]．范扬，张企泰，译．北京：商务印书馆，1995．

[德] 拉普．技术哲学导论 [M]．刘武，康荣平，吴明泰，译．沈阳：辽宁科学技术出版社，1986．

[德] 伊曼努尔·康德．道德形而上学原理 [M]．苗力田，译．上海：上海人民出版社，2005．

[法] 让-保罗·萨特．存在与虚无 [M]．陈宣良，等译．合肥：安徽文艺出版社，1998．

[古罗马] 西塞罗．论老年 论友谊 论责任 [M]．徐奕春，译．北京：商务印书馆，2007．

[古希腊] 柏拉图．理想国 [M]．郭斌和，张竹明，译．北京：商务印书馆，1986．

[日] 堺屋太一．知识价值革命 [M]．金泰相，译．北京：东方出版社，1986．

[加] 凯·尼尔森．马克思主义与道德观念——道德、意识形态与历史唯物主义 [M]．李义天，译．北京：人民出版社，2014．

[美] 塞佛林，坦卡德．传播理论：起源、方法与应用 [M]．郭镇之，徐培喜，等译．北京：中国传媒大学出版社，2006．

[美] J.P. 蒂洛．伦理学理论与实践 [M]．孟庆时，等译．北京：北京大学出版社，1985．

[美] N. 维纳．人有人的用处——控制论与社会 [M]．陈步，译．北京：北京大学出版社，2010．

[美] R.G. 佩弗．马克思主义、道德与社会正义 [M]．吕梁山，

等译．北京：高等教育出版社，2010.

　　［美］阿尔温·托夫勒．第三次浪潮［M］．黄明坚，译．北京：中信出版社，2006.

　　［美］阿尔温·托夫勒．未来的冲击［M］．孟广均，吴宣豪，黄炎林，译．北京：中国对外翻译出版公司，1985.

　　［美］埃里希·弗洛姆．精神分析与宗教［M］．孙向晨，译．上海：上海人民出版社，2006.

　　［美］埃里希·弗洛姆．人的呼唤——弗洛姆人道主义文集［M］．王泽应，等译．上海：生活·读书·新知三联书店，1991.

　　［美］埃米尔·涂尔干．社会分工论［M］．渠东，译．北京：生活·读书·新知三联书店，2000.

　　［美］安德鲁·芬伯格．技术批判理论［M］．韩连庆，曹观法，译．北京：北京大学出版社，2005.

　　［美］弗兰西斯·福山．信任——社会道德与繁荣的创造［M］．李宛蓉，译．呼和浩特：远方出版社，1998.

　　［美］罗尔斯．正义论［M］．何怀宏，等译．北京：中国社会科学出版社，1988.

　　［美］马克·波斯特．信息方式［M］．范静哗，译．北京：商务印书馆，2014.

　　［美］马克斯·韦伯．经济与社会：第1卷［M］．阎克文，译．上海：上海世纪出版集团，2010.

　　［美］迈克尔·J.奎因．互联网伦理［M］．王益民，译．北京：电子工业出版社，2016.

　　［美］尼葛洛庞帝．数字化生存［M］．胡泳，等译．海口：海南出

版社，1997.

[美] 文森特·莫斯可. 数字化崇拜 [M]. 黄典林，译. 北京：北京大学出版社，2010.

[美] 亚当·斯密. 道德情操论 [M]. 蒋自强，等译. 北京：商务印书馆，1997.

[美] 约翰·奈斯比特. 大趋势——改变我们生活的十个新方向 [M]. 梅艳，译. 北京：中国社会科学出版社，1984.

[美] 约翰·奈斯比特. 高科技·高思维 [M]. 尹萍，译. 北京：新华出版社，2000.

[美] 迈克尔·J. 奎因. 互联网伦理 [M]. 王益民，译. 北京：电子工业出版社，2016：450.

[美] 艾伦·贾纳斯泽乌斯基，迈克尔·莫伦达. 教育技术：定义与评析 [M]. 程东元，王小雪，刘雍潜，等译. 北京：北京大学出版社，2010.

[英] 西蒙·布莱克本. 我们时代的伦理学 [M]. 梁曼莉，译. 南京：译林出版社，2013.

[英] 戴维·麦克莱伦. 马克思传 [M]. 王珍，译. 北京：中国人民大学出版社，2005.

[英] 弗兰克·韦伯斯特. 信息社会理论 [M]. 曹晋，等译. 北京：北京大学出版社，2011.

[英] 弗里德里希·冯·哈耶克. 自由秩序原理（上）[M]. 邓正来，译. 北京：生活·读书·新知三联书店，1997.

[英] 亨利·西季威克. 伦理学方法 [M]. 廖申白，译. 北京：中国社会科学出版社，1993.

［英］齐格蒙特·鲍曼. 共同体［M］. 欧阳景根，译. 南京：江苏人民出版社，2003.

［英］齐格蒙特·鲍曼. 后现代伦理学［M］. 张成岗，译. 南京：江苏人民出版社，2003.

［德］康德. 实践理性批判［M］. 邓晓芒，译. 北京：人民出版社，2003.

三、中文著作

安启念. 马克思恩格斯伦理思想研究［M］. 武汉：武汉大学出版社，2010.

包尔生. 伦理学体系［M］. 何怀宏，廖申白，译. 北京：中国社会科学出版社，1988.

蔡连玉. 信息伦理教育研究：一种"理想型"构建的尝试［M］. 北京：中国社会科学出版社，2011.

陈根法. 德性论［M］. 上海：上海人民出版社，2004.

宫留记. 资本：社会实践工具［M］. 开封：河南大学出版社，2010.

何怀宏. 伦理学是什么［M］. 北京：北京大学出版社，2002.

胡潇. 意识的起源和结构［M］. 北京：中国社会科学出版社，2004.

姜小川. 科学发展观与和谐社会［M］. 北京：中国法制出版社，2009.

金炳华. 马克思主义哲学大辞典［M］. 上海：上海辞书出版社，2003.

康兰波. 人的实践本性与信息时代人的自由 [M]. 北京：中国社会科学出版社, 2013.

李景源, 吴元梁. 科学发展观与和谐社会建设 [M]. 南京：江苏人民出版社, 2008.

李兰芬. 百年中国马克思主义伦理思想研究述要 [M]. 苏州：苏州大学出版社, 2015.

《伦理学》编写组. 伦理学 [M]. 北京：高等教育出版社, 2012.

欧阳哲生. 五四运动的历史诠释 [M]. 北京：北京大学出版社, 2012.

沙勇忠. 信息伦理学 [M]. 北京：国家图书馆出版社, 2004.

宋希仁. 社会伦理学 [M]. 太原：山西教育出版社, 2007.

孙伟平. 信息时代的社会观历史观 [M]. 南京：江苏人民出版社, 2010.

孙正聿. 哲学导论 [M]. 北京：中国人民大学出版社, 2000.

唐凯麟, 王泽应. 20 世纪中国伦理思潮 [M]. 北京：高等教育出版社, 2003.

王海明. 伦理学原理 [M]. 北京：北京大学出版社, 2009.

王海明. 新伦理学 [M]. 北京：商务印书馆, 2001.

王小锡, 郭建新. 邓小平经济伦理思想研究——兼论道德建设与社会主义市场经济 [M]. 南京：南京师范大学出版社, 2001.

魏英敏. 新伦理学教程 [M]. 北京：北京大学出版社, 1993.

邬焜. 中国的信息哲学研究 [M]. 北京：中国社会科学出版社, 2012.

肖峰. 信息主义：从社会观到世界观 [M]. 北京：中国社会科学

出版社，2010.

肖峰 . 哲学视域中的技术［M］. 北京：人民出版社，2007.

谢俊贵 . 信息的富有与贫乏：当代中国信息分化问题研究［M］.
上海：上海三联书店，2004.

杨国荣 . 伦理与存在——道德哲学研究［M］. 上海：上海人民出
版社，2002.

张岱年 . 中国伦理思想研究［M］. 北京：中国人民大学出版
社，2011.

赵永忠 . 谁偷窥了你的网络隐私［M］. 北京：电子工业出版
社，2003.

中国大百科全书总编辑委员会《哲学》编辑委员会 . 中国大百科
全书：哲学卷［M］. 北京：中国大百科全书出版社，1987.

四、论文

丛红日 . 网络环境下的虚假信息问题及其对策［J］. 现代图书情报
技术，2003（101）.

戴兆国 . 论马克思主义中国化的伦理价值维度［J］. 哲学动态，
2007（5）.

董才生，闻凤兰 . 网络化时代的社会信任发展趋势［J］. 天津社会
科学，2013（5）.

窦畅宇，肖峰 . 信息时代的代际伦理与青年的代际义务［J］. 中国
青年社会科学，2017（2）.

高广旭 . 论马克思伦理学的理论形态及其当代意义［J］. 道德与文
明，2015（1）.

高小康．大数据时代的消费文化与空间冲突［J］．湖北社会科学，2014（12）．

顾智明．论伦理本体——对马克思伦理视角的一种解读［J］．社会科学，2003（3）．

黄显中．康德德治观引论［J］．求索，2002（2）．

寇清杰，郑兴刚．胡锦涛信息网络思想述论［J］．学术论坛，2012（5）．

李培超．解读马克思《1844年经济学哲学手稿》伦理思想的应有视角［J］．湖南师范大学社会科学学报，2009（6）．

李培超．论马克思伦理思想的逻辑思路［J］．当代世界与社会主义，2007（4）．

李萍．论公民美德与市场道德的内在关联［J］．北京大学学报（哲学社会科学版），2007（9）．

李志强．国内马克思恩格斯伦理思想研究的现状及展望（1978—2013）［J］．伦理学研究，2014（3）．

梁俊兰．信息伦理学：新兴的交叉科学［J］．国外社会科学，2002（1）．

廖小平．邓小平伦理思想若干问题略论［J］．伦理学研究，2011（3）．

林淑芬．优纳斯论科技时代的伦理学与责任［D］．台中：东海大学哲学系，2007．

陆俊，严耕．国外网络伦理问题研究综述［J］．国外社会科学，1997（2）．

罗国杰．关于集体主义原则的几个问题［J］．思想理论教育导刊，

2012（6）.

罗国杰. 关于社会主义人道主义原则的几个问题 [J]. 思想理论教育导刊，2012（10）.

孙洪敏. 邓小平对马克思主义道德观的发展 [J]. 江西社会科学，2000（1）.

孙路远. 新功利论和新公正论的混合伦理学——邓小平经济伦理思想研究 [J]. 理论与改革，1999（5）.

万俊人. 制度伦理与当代伦理学范式转移 [J]. 浙江学刊，2002（4）.

王泽应. 20世纪中国马克思主义伦理思想发展研究 [J]. 毛泽东邓小平理论研究，2005（7）.

王泽应. 邓小平伦理思想的独特地位——纪念邓小平诞辰100周年 [J]. 伦理学研究，2004（4）.

王泽应. 江泽民伦理思想研究 [J]. 吉首大学学报（社会科学版），2003（1）.

王泽应. 论中国马克思主义伦理思想的本质特征 [J]. 当代世界与社会主义，2009（4）.

王泽应. 中国特色社会主义伦理思想的开拓创新 [J]. 伦理学研究，2013（1）.

韦庭学. 拯救伦理又保卫历史唯物主义——从布莱克里奇的"马克思主义伦理观"谈起 [J]. 马克思主义与现实，2015（3）.

吴灿新. 略论习近平的道德建设思想 [J]. 探求，2015（6）.

肖峰，窦畅宇. 青年的信息消费主义及信息文明引导 [J]. 中国青年社会科学，2016（12）.

肖峰. 论作为哲学对象的"信息文明"[J]. 学术界, 2016 (8).

肖峰. 作为价值论对象的信息文明 [J]. 中共宁波市委党校学报, 2016 (3).

许敬媛. 经济信息伦理探微 [J]. 江苏社会科学, 2012 (4).

严丽. 信息伦理析义 [J]. 情报科学, 2006 (6).

张立彬, 等. 信息异化的心理机制及其对策控制研究 [J]. 情报理论与实践, 2010 (4).

张曦. 马克思、意识形态与现代道德世界 [J]. 马克思主义与现实, 2015 (4).

张学浪, 赖风. 信息风险与"信息人"的伦理责任 [J]. 伦理学研究, 2016 (2).

郑晓绵. 马克思"《莱茵报》时期"的伦理思想研究 [J]. 伦理学研究, 2015 (3).

郑永廷, 昝玉林. 论网络群体和人的发展 [J]. 思想政治教育导刊, 2005 (12).

钟义信, 邓寿鹏. 信息时代宣言 [J]. 今日电子, 1996 (7).

周浩翔. 德性与秩序——从康德哲学看儒家伦理的两种构成 [J]. 道德与文明, 2012 (2).

邹渝. 厘清伦理与道德的关系 [J]. 道德与文明, 2004 (5).

吴春梅, 林星. 集体主义的衍生、理想化与理性回归 [J]. 武汉大学学报 (哲学社会科学版), 2016 (9).

柴玥, 杨连生. 慕课教育机会公平的大数据实证分析 [J]. 现代大学教育, 2019 (3).

王玉萍. 习近平新时代青年观的伦理意蕴及启示 [J]. 学术交流,

2019（2）.

李志松．毛泽东社会伦理思想研究［D］．西安：西北大学，2012.

谭国清．毛泽东的党员党性观［D］．北京：中国社会科学院，2015.

王诚德．信息文明与马克思主义人本观的新发展［D］．广州：华南理工大学，2016.

杨晓伟．从道德理想主义到政治现实主义——新民学会：马克思主义中国化早期进程中的个案研究［D］．上海：上海社会科学院，2012.

于希勇．马克思恩格斯伦理思想方法研究［D］．上海：复旦大学，2014.

五、英文文献

HILBERT M, LOPEZ P. The world's technological capacityto store, communicate, and compute information［J］. Science, 2011, 332（6025）: 60-65.

FOUCAULT M. Power/Knowledge: selected interviews and other writings, 1972—1977［M］. New York: pantheon, 1980.

HAUPTMAN R. Ethical Challenges in Librarianship［M］. Phoenix, AZ: Oryx Press, 1988.

HETTINGER E C. Justifying Intellectual Property［J］. Philosophy and Public Affairs, 2011, 18（1）: 31-52.

MILGRAM S. The small world problem［J］. Psychology today, 1967, 2（1）: 60-67.

SEVERSON R J. The Principle of Information Ethics［M］. New York:

M. E. Sharpe，1997：7.

BUCHANAN A E. Marx and Justice ［M］. London：Methuen，1982：44.

六、报纸和网络资源

15 位政协委员在全国政协十二届四次会议第三次全体会议上的发言（摘要）［N］. 经济日报，2016-03-12.

奥巴马. 全球化和技术变革引燃民粹主义［EB/OL］. FT 中文网，2016-06-16.

把中国"中国化"——人文社会科学的转型之路［EB/OL］. 光明网，2016-09-21.

道德建设成人工智能最艰巨挑战［EB/OL］. 科学网，2015-07-07.

邓小平. 在扩大的中央工作会议上的讲话［N］. 人民网，1962-02-26.

公民道德建设实施纲要［A/OL］. 中发〔2001〕15 号文件，2001-09-20.

全球罕见：明星片酬高达国内影视剧制作成本 70%［EB/OL］. 每日经济新闻，2016-09-09.

中国互联网络信息中心. 第 1 次中国互联网络发展状况统计报告［R/OL］. 中国互联网信息中心，1997-10-31.

中国互联网络信息中心. 第 45 次中国互联网络发展状况统计报告［R/OL］. 中国互联网信息中心，2020-04-28.

中共中央关于完善社会主义市场经济体制若干问题的决定［N］. 人民日报，2003-10-21.

习近平．在第二届世界互联网大会开幕式上的讲话［EB/OL］．新华网，2015-12-16.

习近平．在中国科学院第十七次院士大会、中国工程院第十二次院士大会上的讲话［EB/OL］．光明日报，2014-06-10.

习近平．在中央网络安全和信息化领导小组第一次会议上的发言［EB/OL］．新华网，2014-02-28.

虚拟现实远程移动办公：未来的工作方式已经到来［EB/OL］．搜狐网，2020-02-02.

智慧城市要打破"信息孤岛"［N］．光明日报，2016-08-12.

中共中央关于加强党的执政能力建设的决定［EB/OL］．人民网，2004-09-19.

习近平．为世界许诺一个更好的未来——论迈向人类命运共同体［N］．人民日报，2015-05-18.

韦庭学．英美马克思主义的伦理学转向［N］．中国社会科学报，2020-07-30.

后 记

这本书是在我的博士学位论文的基础上修改而成。距离博士毕业已经三年时间，在这三年中我对攻读博士期间所思考和写作的问题有了一些新的认识，也深刻体会到理论的发展始终和现实紧密相关，还需不断追问和探寻。而随着信息技术、人工智能技术越发深刻而迅速地融入人类生活，学界对技术的社会影响、技术伦理和人类自我认知等问题的关注度越来越高，也促使我继续思考信息视域下我国伦理原则的新拓展问题。

本书能够完成，首先要感谢我的导师肖峰教授。在求学和写作过程中，老师给予我极大的鼓励与帮助，老师的渊博学识和治学为人之道，令我受益终生。还要感谢我的母校华南理工大学。校园美好，学风醇厚，在华园求学与成长的经历是最为宝贵的岁月珍藏。更感谢广东技术师范大学马克思主义学院李尚旗院长，大力支持和推动这本书的出版。本书从筹划、汇编到成册历时近五个月时间，在光明日报出版社编辑老师的帮助下，经数次修改完善，最终定稿，在此特别要表示感谢。

本书的研究内容延续了自己对信息伦理和马克思主义伦理思想的探

讨并形成了一个交汇点，之所以进行此种探讨，是因为信息技术对伦理学的影响使得理论存在更进一步发展的可能性。尽管在探讨的目标上是明确的，但也深感本书对实现这一目标还有很大的差距，由于能力所限，本书还存在很多不足之处，希望在今后的学习、思考和探讨中能进一步完善。

窦畅宇
2020 年于广州